Reinhard Wahren · Lieber Litfaß!
Im Spiegel der Zeit

Band 2

Reinhard Wahren

LIEBER LITFASS!

EINE BEGEGNUNG MIT DEM BERLINER REKLAMEKÖNIG

hendrik Bäßler verlag · berlin

Abbildung 1. Umschlagseite: Der Berliner Spittelmarkt
von der Beuthstraße aus gesehen, 1909.
Foto: *Landesbildstelle, Berlin*
Kleine Abbildung: Ernst Theodor Litfaß.
Foto: *Stadtmuseum, Berlin*
Abbildung 4. Umschlagseite: Litfaßsäule mit aufgesetzter
Lichtreklame in der Potsdamer Straße, 1937.
Foto: *Landesbildstelle, Berlin*

Die Deutsche Bibliothek – CIP-Einheitsaufnahme

Wahren, Reinhard:
Lieber Litfass! : eine Begegnung mit dem Berliner Reklamekönig /
Reinhard Wahren. – 1. Aufl. – Berlin : Bäßler, 1998
ISBN 3-930388-14-6

1. Auflage 1998

Gesetzt aus Stpl. Garamond und Futura
Satz: Hendrik Bäßler, Berlin
Reproduktionen: Satzinform, Berlin
Druck und Verarbeitung: Druckerei H. & H. Russ, Berlin
ISBN 3-930388-14-6

INHALT

NOCH IMMER STEHT SO'N RUNDES DINGS

Die Idee für das Buch entstand aus einem Mangel heraus. Freilich ist dieser Umstand nichts Besonderes, schließlich entstehen viele Bücher so. Doch dieser Mangel hat nichts damit zu tun, daß sich ein Autor etwas von der Seele schreiben mußte, um auf diese Weise den Lesern ein sogenanntes Kompensationsprodukt anzubieten. Ganz banal war der Anlaß. Alles entwickelte sich aus einer Laune heraus, spielerisch, überschwenglich und kindisch.

Als ich irgendwann im vergangenen Jahr– vielleicht war es auch ein Jahr davor – »Dead Man« sehen wollte und vergeblich nach meinem Stadtmagazin suchte, um herauszufinden, wo der Film überhaupt noch gespielt wird, fiel sie mir ein – die Litfaßsäule an meiner Ecke. »Geh auf meinen Wegen bei Sonnenschein und Regen immer um die Litfaßsäule rum…« heißt es in einem bekannten Schlager von Kurt Tucholsky und Friedrich Holländer aus den 20er Jahren. Damals spielte sie für die Vergnügungsmetropole Berlin noch eine wichtige Rolle. Angesichts der allgegenwärtigen Werbeflut könnte man ihre Existenzberechtigung heutzutage infrage stellen. Ich dagegen tat genau das Gegenteil: ich jubelte, hatte mir doch das »runde Ding« tatsächlich noch einen gelungenen Kinoabend beschert. Meine Freude war sogar derart, daß ich in einer Art kindlichem Anfall am nächsten Tag mit meinem dicksten Filzstift auf die Litfaßsäule schrieb: *Lieber Litfaß, Danke!* Tagelang war meine Dankesbezeugung zu sehen. Mir selbst erschien die Schrift wie eine Botschaft, ein Zeichen. Doch ein Zeichen für wen? Litfaß ist über 120 Jahre tot.

Die schönste und älteste Litfaßsäule Berlins steht auf dem Mexikoplatz.
Foto: *Hendrik Bäßler, Berlin*

Einige Tage später war meine Säule mit anderen Plakaten überklebt und mein Schriftzug nicht mehr zu sehen. Allerdings etwas hatte sich doch geändert. Seitdem sah ich Litfaßsäulen mit anderen Augen. Nicht, daß ich sie nur wahrnahm, ich machte sogar stets darauf aufmerksam. Meinen Freunden ging diese Manie ziemlich auf die Nerven. So suchte ich einen anderen Weg, um meine Laune ganz ausleben zu können. Ich weiß, das klingt alles eher schrullig und wenig nachvollziehbar, doch irgend etwas in mir stachelte meine Neugier an – bis ich den Entschluß faßte, mehr über den Mann erfahren zu wollen, der runde Säulen in der Stadt aufstellen ließ. Vielleicht hatte es zu tun mit meinem Interesse für Medien und Werbung, vielleicht aber auch mit ganz anderen Dingen, wie Magie, Transzendenz. Mehr über diesen Pionier der heute gigantischen Werbemaschinerie zu erfahren, war zumindest ein Teil davon.

Litfaß genoß zu seinen Lebzeiten Ruhm und Anerkennung. Er war ein Star, würde man heute sagen. Die Berliner nannten ihn den »König der Reklame«. Aber er war mehr als nur ein cleverer Geschäftsmann. Engagiert und allem Neuen aufgeschlossen, gehörte er zu den großen Berliner Unternehmern jener Zeit des Aufschwungs von Handel und Industrie in der zweiten Hälfte des 19. Jahrhunderts. Heute wäre ein Mann wie Litfaß sicherlich zum Medienmogul avanciert.

Was bleibt, sind seine Säulen, jede einzelne ein kleines Denkmal für ihn. Was ihre Faszination für mich ausmacht, habe ich einmal erfahren. Es ist auch abhängig von der Säule selbst und ihrem Standort. Ein Vorschlag für den, der meine Empfindung nachvollziehen möchte: Man stelle sich vor die Litfaßsäule auf dem Berliner Mexikoplatz oder auch dem Kollwitzplatz, und zwar so, daß auch der größte Teil des Platzes mit in den Blick gerät, und denke an nichts. Nach einer Weile schließe man die Augen und da kann es passieren: Die Schrift auf den Plakaten verschwimmt, die Farben fließen ineinander und bilden sich neu – schließlich fängt die Litfaßsäule zu tanzen an. Sie tanzt über den Platz und attakiert scheinbar die Passanten, deren Aufmerksamkeit provozierend. Ein ähnliches Erlebnis muß Tucholsky angesichts einer Litfaßsäule gehabt haben, denn in einem Reim von ihm heißt es: »... Schaut er rechts und schaut er links/immer steht so' n rundes Dings...«.

Daß ich also eine ähnliche Wahrnehmung hatte wie Tucholsky, und das auch noch am Beginn unseres Informationszeitalters, in dem nun Litfaßsäulen wahrlich keine bedeutende Rolle mehr spielen, machte mich nachdenklich. War das ein Zeichen, ein Hinweis? Hatte es gar mit Bewußtseinserweiterung zu tun? Jemanden zu befragen, verwarf ich sofort. Der Spott meiner Freunde steckte ohnehin noch in meinen Gliedern. Deshalb beschloß ich, etwas ganz Praktisches zu tun: Ich schrieb dieses kleine Büchlein. In einer Zeit, wo Werbung unser Leben mehr und mehr mitbestimmt, war mir ein Buch über den »König der Reklame« das Mindeste.

Es konnte aber keinesfalls eine Biografie im üblichen Sinne werden, denn ständig hatte ich die tanzende Litfaßsäule auf dem Kollwitzplatz im Kopf, die mich immer wieder aus meinem Konzept brachte.

Seit Berlin wieder als ganze Stadt betrachtet werden kann, interessieren sich zwangsläufig auch mehr und mehr Leute für historische Spuren. Zudem provoziert fast jeder Neu- oder Umbau an exponierter Stelle heftige Diskussionen der verschiedenen Interessensgruppen. Vergangenheit und Gegenwart gerade in dieser Stadt unter einen Hut zu bekommen, scheint besonders schwierig ... und überraschenderweise tauchen hier und da Dinge auf, mit denen niemand mehr gerechnet hat. Zum Beispiel in der Litfaßsäule auf dem Kollwitzplatz.

Dort entdeckte der französische Künstler Bruno Ulmer Plakate und Anschlagzettel aus dem Jahre 1946. Statt sie kurzerhand wegzuwerfen, hatte sie ein Angestellter damals säuberlich abgelöst und im Inneren der Litfaßsäule verschlossen. Fasziniert von den alten Plakaten der Kriegs- und Nachkriegszeit gestaltete Ulmer daraus fünfzig Jahre später sein »Gedächtnis einer zerrissenen Stadt« auf sechs Litfaßsäulen, die er auf den Olof-Palme-Platz stellte: Plakative Zeitgeschichte zwischen 1942 und 1949 in Form von Nazi-Parolen, Kriegsmeldungen, Bekanntmachungen, Konzert- und Filmankündigungen sowie Suchmeldungen nach einem im Krieg verschollenen Familienangehörigen. Der Franzose, der sich selbst als ein Archäologe der Papiererzeugnisse und des Gedächtnisses der Städte bezeichnet, hat die alten Plakate Schicht für Schicht rekonstruiert und auf die nachgestalteten Litfaßsäulen geklebt. Seine Aktion »Berlin on papers« verstand er als »Konfrontation der Epochen«, als eine Gegenüberstellung des Berlins der vierziger Jahre mit dem Berlin der Neunziger: »Dies ist das Gedächtnis einer zerissenen Stadt, das ich jedem einzelnen Berliner schenken möchte.«

Eine von den sechs Säulen, in Signalrot gehalten, war nicht mit Plakaten beklebt. Hier bot der Künstler den Berlinern die Gelegenheit, selbst Spuren zu hinterlassen. Doch die Säule blieb zunächst leer. Offenbar wollte niemand der Aufforderung folgen, etwas daraufzukleben oder daraufzuschreiben. So, als wollte niemand etwas von unserer Gegenwart preisgeben. Vielleicht aber sind

Auf dem Olof-Palme-Platz hat der französische Künstler Bruno Ulmer das »Gedächtnis der Stadt« in Form von sechs historischen Litfaßsäulen installiert. Dazwischen – die Rote Litfaßsäule. Foto: *Reinhard Wahren, Berlin*

wir Zeitgenossen damit nur überfordert. Vergangenheit zu begreifen ist schon schwer genug, darüber zu reflektieren, ist jedoch dem Passanten offenbar unmöglich. Aber nur die Passanten sind es, die vor den Litfaßsäulen stehenbleiben. Nicht etwa die Gelehrten, Historiker, Chronisten – die brauchen keine Anregung, die sind sozusagen von Berufs wegen angehalten, Geschichte und Geschichten zu schreiben und auch darüber zu streiten. Freilich erinnert eine solche Aktion auch ein wenig an Gästebücher oder Ausstellungseröffnungen: Wir bitten um Ihre Meinung oder ähnliches. Doch an einer leeren Litfaßsäule kann niemand ohne weiteres vorbeigehen. Eine leere Litfaßsäule – ob nun rot, blau oder weiß – macht überhaupt keinen Sinn. Sie macht eher traurig und lädt ein zur Meinungsäußerung über die gezeigte Aktion. Vielleicht dachte der Aktionskünstler in dieser Richtung, als er die rote Säule dazustellte. Er hatte sich offensichtlich geirrt. Keine Notiz, nicht einmal eine Schmiererei. Wie wollte man nun feststellen, wie die Berliner auf ihr »Gedächtnis« reagieren?

Warum die eine Säule leer blieb, das fragte ich Winfried Kirches, einen Künstler, der mit spektakulären Aktionen im Kölner Raum von sich reden machte, und das Wort »Obstallation« erfunden hat: »Wenn sich dir etwas in den Weg stellt, dann hat das immer eine Wirkung. Man sollte nur nicht allzu hohe Erwartungen haben.« »Auch eine Litfaßsäule?«, wollte ich wissen. »Warum nicht«, war seine Antwort.

Hatte hier der fransösische Künstler Bruno Ulmer einen Denkfehler gemacht? Eine Litfaßsäule ist wahrscheinlich alles andere, als eine Einladung zum Schreiben. Sie stellt sich dem Passanten nur in den Weg, als würde sie ihn begrüßen wollen. Genau diese Charmanz war es doch, die den Reiz des berühmten Straßenmöbels ausmacht. Ein Gegenstand wird nicht allein wegen seiner Nützlichkeit angenommen. Er muß etwas ausstrahlen, verlockende Reize aussenden, insgeheime Wünsche und Sehnsüchte ansprechen – er muß Neugierde wekken, Vergnügen suggerieren, muß die angenehmen Seiten des Lebens berühren. Dabei kann er durchaus eine einfache Form haben.

Ja, die Litfaßsäule ist solch ein Gegenstand: unaufdringlich und trotzdem direkt, ehrlich und für jeden rund. Sie hat einen Fuß, eine Art Sockel, und einen Kopf. Insofern hat sie sogar etwas Menschliches. Sie lebt. Andernfalls hätte sie nicht hundertfünfzig Jahre überdauert. Und sie erfreut sich weiterhin allgemeiner Beliebtheit. Jährlich werden 90 neue Litfaßsäulen in Berlin aufgestellt. Bald sind es fast 4000. Litfaß hatte also eine Jahrhundertidee. Während viele Erfindungen durch die technische Entwicklung langsam wieder aussterben – denken wir an die Schallplatte –, besteht bei der Litfaßsäule offenbar keine Gefahr, sie anderweitig ersetzen zu wollen. Was würde beispielsweise passieren, wenn der Berliner Senat – aus welchen Gründen auch immer – sämtliche Litfaßsäulen abreißen lassen wollte. Weitgehendes Unverständnis, ja Aufregung, wäre die Folge, denn viele Berliner hätten das Gefühl, man nähme ihnen etwas Liebgewordenes weg. Eine Litfaßsäule ist also nicht ganz so einfach zu behandeln, wie es scheint, sie ist eben mehr als nur ein rundes Dings. Mit der roten Litfaßsäule aber sollte ich noch meine große Überraschung erleben.

LITFASS' HUNDERTFÜNFZIG KINDER

Als Werbung beschreibt das Duden-Lexikon die Beeinflussung der menschlichen Willensentschließung und Meinungsbildung zum Zwecke des Warenabsatzes, der Verstärkung von Vereinen und politischen Parteien oder des Bekanntwerdens einer auf Popularität angewiesenen Persönlichkeit mit den Medien: Presse, Rundfunk, Fernsehen, Film, Plakate, Prospekte, Schaufensterauslagen, Flugblätter u. a. – Nun ist es nicht Sinn der Definition, detailgenau zu sein, doch könnte sie wenigstens auch ein »Urgestein« des Gegenstandes Werbung benennen: die Litfaßsäule. Sie hat nämlich die Reklame erst salonfähig gemacht. Zumindest in Berlin. Ihrem Erfinder, dem Druckereibesitzer, Ernst Theodor Litfaß, war nur allzu bewußt, daß im preußischen Berlin allein eine tragfähige Konstruktion akzeptiert werden würde – im wahrsten Sinne: »Den gewickelten Säulenschaft ließ er englischgrün streichen und in ein 70 Zentimeter tiefes Betonfundament mit 15 Zentimeter über das Pflaster hinausragendem roten Klinkerkranz einmauern. Auf den Schacht kam das Kranzgesims mit den Entlüftungsschlitzen, und gekrönt wurde die Säule von einem Palmettenfries, der die einzige Verzierung darstellte.« So hatten die ersten Litfaßsäulen die stattliche Höhe von neuneinhalb Fuß, das entsprach in Preußen 3,578 Metern, und einen Umfang von neundreiviertel Fuß, also 3,67 Metern.

Die Idee für die Berliner Anschlagsäule hatte Litfaß im April des Jahres 1854. Inspiriert von seinen Reisen nach London und Paris, saß er in seinem Arbeitszimmer in der Berliner Adlerstraße 6 und suchte nach einer für die Stadt geeigneten Möglichkeit, dem ungeordneten öffentlichen Anschlagwesen eine Form zu geben. In Berlin verbot zwar das Pressegesetz vom 12. Mai 1851 privates Ankleben von Affichen aller Art, doch schien das offenbar für viele kein ausreichender Hinderungsgrund zu sein. Wildes Zettelankleistern an Hauswänden, Zäunen, Brunnen und Bäumen war unübersehbar – zum Ärger von Magistrat und Polizei. Aus London kannte Litfaß aus Metall und Holz bestehende achteckige Säulen, die von Pferdefuhrwerken durch die Stadt gezogen wurden. Auf Schienen gelagert, drehten sie sich um die eigene Achse. Um auch im Dunkel darauf die Plakate lesen zu können, zündete der Kutscher nachts im Inneren der Säule Kerzen an. Doch diese fahrbaren Reklameungetüme erschienen ihm wenig geeignet, dem Plakatwirrwarr Herr zu werden. In London war der wilde Plakatanschlag bereits derart extrem, daß Litfaß oftmals nicht einmal mehr die architektonische Bauform der Gebäude erkennen konnte. Sogar die Straßennamen an den Hauswänden waren von Reklamezetteln jedes denkbaren Industrieprodukts überklebt. London war allerdings nicht Berlin, das gegen die aufstrebende Hauptstadt des Empire wie eine verschlafene Provinz wirkte. Trotzdem erkannte Litfaß auch für Berlin die Zeichen der Zeit. Was in England bereits augenscheinlich war – dort hatte sich die Mechanisierung bereits bis 1840 durchgesetzt –, würde bald auch in Deutschland Wirklichkeit werden.

Wer damals mit offenen Augen London besuchte, ahnte insgeheim, daß irgendwann jede größere Stadt diesem Bild gleichen würde. Die Hektik und Geschäftigkeit auf den Straßen, das Treiben an den London-Docks – für den Besucher tat sich eine neue Wahrnehmungswelt auf. Nicht anders ist es Litfaß ergangen, der sich als neugieriger und aufgeschlossener Druckereibesitzer natürlich besonders für sein Metier interessierte. Die neuen Techniken der Papierherstellung und des Druckens sorgten für eine unglaubliche Plakatproduktion. Plakate waren in England in der ersten Hälfte des 19. Jahrhunderts die wichtigsten Werbeträger. Litfaß

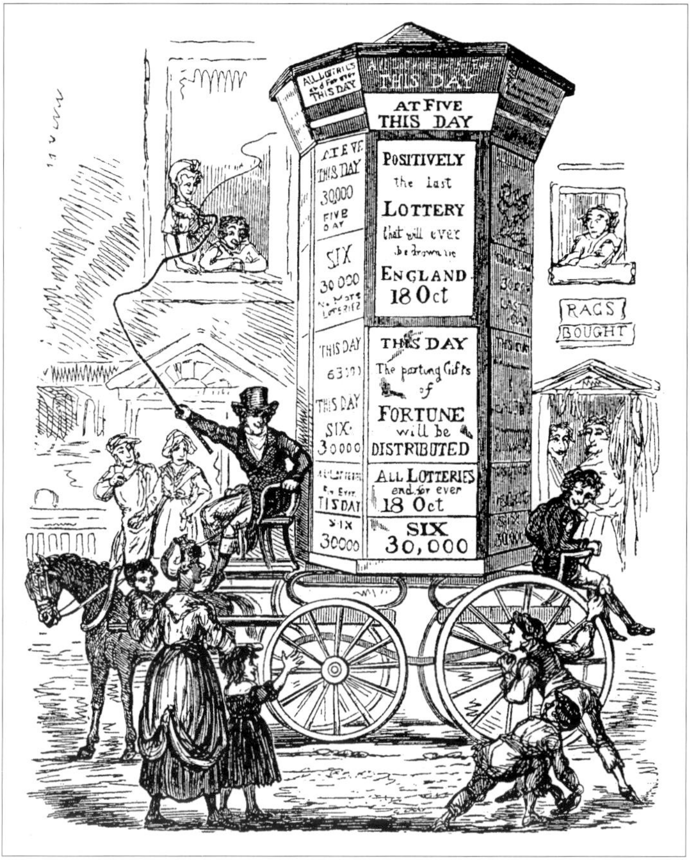

Beleuchtbare Werbesäule in London, 1826.
aus: *Erwin Paneth:* Die Entwicklung der Reklame vom Altertum bis zur Gegenwart, München 1926

hatte diese Entwicklung nach der Übernahme der väterlichen Druckerei mit großem Interesse verfolgt.

Er sah noch einmal die unendlich vielen Plakatanschläge und Reklametafeln im Geiste vor sich. Seine Vorstellungskraft reichte nicht aus, um sich so etwas für Berlin vorzustellen. Nein, London war nicht Berlin, dachte er. Die Stadt an der Themse folgte längst ihren eigenen Gesetzen, den Gesetzen der Maschinen, des freien Handels. Berlin stand erst am Anfang. Und in Berlin hatten die preußischen Staatsbeamten das Sagen. Um neue Ideen zu verwirklichen, bedurfte es wahrscheinlich mehr als nur eines Antrages oder Vorschlages. Gesetzeslücken mußten gefunden werden. Nur so würde es möglich sein, die buchstabengläubigen Beamten aus der Reserve zu locken. Aber eben auch in Berlin gab es die Unsitte, Häuserwände, Zäune und sogar die Promenadenbäume mit Affichen, wie es damals hieß, zu bekleben. Beschwerden von Hausbesitzern und Geschäftsleuten beschäftigten die Polizei mehr und mehr. Doch statt eine Lösung zu suchen, hätte der Magistrat eher ein neues Verbot erlassen. Verbote nützten aber Litfaß am allerwenigsten, der ja gerade die Ausweitung seiner Plakatproduktion im Sinn hatte. Erfolgreich kann nur eine Lösung sein, die allen Seiten gerecht wird, mochte Litfaß gedacht haben, kurz bevor er seinen Schreibtisch verließ, um noch einen Rundgang durch die Druckerei zu machen.

Da geriet sein Blick unversehens auf den Hof. Die leere, gepflasterte Fläche wirkte fast einsam. ›Warum steht eigentlich dort nicht einmal eine Bank?‹, ging es Litfaß durch den Kopf. Doch als er in Gedanken einen Platz dafür suchte, schoß ihm die Idee wie ein Blitz durch den Kopf: Keine Bank, eine »Annoncier-Säule« mußte her! Ein Muster, ein Modell der zukünftigen Berliner Anschlagsäule auf dem Hof der Litfaßschen Druckerei – die Idee faszinierte ihn so, daß er an diesem Tag nicht zur Ruhe fand.

In den folgenden Wochen war er damit beschäftigt, Skizzen und Pläne für seine Mustersäule zu erstellen.

Nicht aber eine solche, wie er sie von Paris her kannte, schwebte ihm vor, mit stuckbeladenen Zwiebelkuppeln und Schindeldächern, Berlin brauchte seine eigene Säule. Die in London und Paris existierenden Plakatsäulen standen bei Berliner Kritikern ohnehin in dem Ruf, »Mißschöpfungen in der Form« zu sein. Die Berliner Anschlagsäule dagegen sollte solide gefertigt, mit Fuß und Dach, einfach und dennoch schön, vor allem aber rund sein. Rund war für Litfaß natürlich, rund machte neugierig, und rund war praktisch zu bekleben. Die verschiedensten Plakatgrößen könnten stets wieder beliebig überklebt werden. Alles in allem mußte die neue Anschlagsäule eine Zierde der Residenz werden. Andernfalls sah er für ihren Erfolg keine Chance. Er plante also zunächst eine Mustersäule, die er vorn auf seinem Drukkereihof aufzustellen gedachte.

Als gestandener Geschäftsmann – Litfaß war nicht nur Druckereibesitzer, sondern auch Buchhändler und erfolgreicher Verleger –, waren ihm selbstverständlich die bürokratischen Hinternisse bekannt, die ein solches, für Berlin einschneidendes Projekt automatisch mitsichbrachte. Zudem oblag es letztlich dem Polizeipräsidenten, darüber zu entscheiden. Obwohl bei den Behörden Handlungsbedarf, wie es heute heißt, bezüglich eines geordneten Anschlagwesens bestand, hieß das noch lange nicht, daß deshalb keine Hindernisse zu erwarten gewesen wären.

Litfaß ging ganz geschickt vor. Als erstes ermittelte er das Plakataufkommen in der Stadt. Da seine eigene Druckerei so etwas wie der Branchenführer war, fiel ihm das nicht schwer. Dennoch zog er Geschäftsfreunde und Kenner der Branche hinzu, um möglichst nichts zu übersehen. Schließlich lag im Juni des gleichen Jahres der vollständige Plan vor, den Litfaß zusammen mit einer entsprechenden Zeichnung der neuen Anschlagsäule und den geplanten Standorten der Säulen beim Königlichen Polizeipräsidium einreichte.

Sein Plan sah vor, daß 150 Säulen – gleichmäßig in der Stadt verteilt – ausreichen würden, sämtliche Plakate,

Inserate, Bekanntmachungen und sonstige Anschläge aufzunehmen. Berlin war damals eine sogenannte vorindustrielle Stadt mit etwa 400 000 Einwohnern, umgeben von einer Stadtmauer. Ein Fußgänger benötigte nicht mehr als vier Stunden, um einmal rundherum zu laufen. Das öffentliche Anschlagwesen wäre also konzentriert und damit auch für die Polizei gut zu kontrollieren. Nicht immer nämlich hatten die Plakatanschläge nur kommerziellen Charakter. Nach der 48er Revolution rechnete die Polizei auch mit staatsfeindlichen oder aufrührerischen Flugblättern und ähnlichem.

Für den Polizeipräsidenten Karl Ludwig Friedrich von Hinckeldey war zunächst alles sehr stimmig. Einerseits galt die Litfaßsche Druckerei als angesehenes Unternehmen, andererseits entsprach die Übersichtlichkeit und gute Kontrollmöglichkeit sehr seinem Sicherheitsverständnis. Von Hinckeldey genoß wegen der Verhinderung eines Attentats immerhin ein persönliches Dauerzutrittsrecht zum König. Sein Wohlwollen gliche einer Zustimmung. Allerdings waren Belange auf öffentlichen Straßen nicht nur Angelegenheit des Polizeipräsidenten. Auch die Stadtverwaltung, der Magistrat, hatte ein Wort mitzureden, wodurch die Litfaßschen Säulen fast zum Streitobjekt wurden. Den Stadtvätern lag weniger die Förderung des öffentlichen Anschlagwesens am Herzen als vielmehr eine Verbesserung der Hygiene auf den Straßen. Berlin zählte um die Jahrhundertwende etwa eine halbe Million Einwohner, denen zwar ausreichend Trinkwasser aus zahlreichen Straßen- und Hofbrunnen zur Verfügung stand, die Abwässer und Abfälle aller Art schüttete man aber ausschließlich in die Rinnsteine am Straßenrand. Das Schmutzwasser und der Regen beförderte alles schlecht und recht in die Spree. Üblicherweise blieb viel Unrat liegen, der die Gossen regelmäßig verstopfte. Die Folge besonders im Sommer: unerträglicher Gestank auf den Straßen. Zwar hatte von Hinkeldey im Auftrag der preußischen Staatsregierung bereits 1852 einen Vertrag über den Bau einer öffentlichen Wasserversorgung vor dem Stralauer Tor geschlossen, allein die Inbetriebnahme des ersten Berliner Wasserwerks ließ noch auf sich warten. Krankheiten und Seuchen – von 1851 bis 1867 beispielsweise fast 19 000 Cholera-Tote – beschäftigten also den Magistrat mehr als die Idee der Anschlagsäule. Er stand sogar eher ablehnend der Litfaßschen Intention gegenüber. Nur unter der Bedingung, auch etwas für die Hygiene zu tun – damit waren vor allem auch öffentliche Pissoirs gemeint –, wollte der Magistrat seine Zustimmung geben. Von Hinckeldey seinerseits erinnerte sich noch allzu gut an einen Spottvers der Berliner Bevölkerung aus vergangenen Tagen: »Ach lieber Vater Hinckeldey, mach uns für unsere Pinckelei doch bitte einen Winkel frei.« Worauf er sich zu folgender amtlichen Stellungnahme veranlaßt sah: »Nun gibt es also in der That, wie heute allgemein anerkannt wird, gewisse Bedürfnisse eines großstädtischen Publikums, welche auf den öffentlichen Straßen befriedigt sein wollen und auf denselben in geregelter, den Abstand und die Ordnung nicht verletztender Weise nur durch Herstellung öffentlicher Einrichtungen befriedigt werden können.«

Nichts war seit dieser Verlautbarung 16 Jahre zuvor geschehen. Berlin war immer noch eine Residenz mit flachen Häusern, engen Straßen und ohne Kanalisation. Vielleicht dachte der Polizeipräsident an eigene Versäumnisse, oder ihm war die alte Geschichte um die öffentlichen Bedürfnisanstalten einfach peinlich – mit Pissoirs wollte er nicht mehr in Verbindung gebracht werden. Dennoch ließ er sich zunächst auf einen Kompromiß ein. Man einigte sich schließlich darauf, 50 der öffentlichen Brunnen mitzuverkleiden und zusätzlich 30 Pissoirs aufzustellen.

Litfaß war darüber weniger erfreut, denn er sah nun erheblich mehr Kosten auf sich zukommen. Die Brunnen mit Holz zu verkleiden, wäre für ihn das kleinere Übel gewesen, aber Pissoirs aufzustellen? Sollte sein liebstes Kind, die Anschlagsäule, sollten damit etwa seine ganzen Zukunftspläne scheitern? Litfaß weigerte sich, soweit zu denken. Statt dessen hatte er nur einen

Gedanken: Ein guter Architekt mußte her, der alles in Einklang zu bringen imstande war.

Mit Gethmann fand er genau den richtigen. Dessen Entwurf überzeugte Litfaß sofort. Daraufhin erweiterte Litfaß sein Konzept derart, daß sowohl die Brunnen, als auch die Pissoirs im Inneren der Säulen untergebracht werden konnten. Und er beantragte nun beim Polizeipräsidenten offiziell die Errichtung von 100 Anschlagsäulen, 50 Brunnenumhüllungen sowie 30 Bedürfnisanstalten auf eigene Rechnung, zusammen mit der alleinigen Genehmigung zur Aufstellung von Plakatsäulen in der Stadt. Damit war von Hinckeldey zufrieden, worauf Litfaß am 5. Dezember 1854 die Polizeikonzession zur »Errichtung einer Anzahl von Anschlagsäulen auf fiskalischem Straßenterrain zwecks unentgeltlicher Aufnahme der Plakate öffentlicher Behörden und gewerbsmäßiger Veröffentlichung von Privatanzeigen« in seinen Händen hielt. Zwar fiel so für Litfaß der Fiskus als Einnahmequelle weg, er hatte aber bei der Aufstellung seiner Anschlagsäulen freie Hand.

Am 20. April 1855 wurde unter Litfaß' Anleitung das erste Säulenfundament an der Münzstraße/Ecke Grenadierstraße gelegt. Tag für Tag folgten weitere. Doch längst arbeitete er nach einem neuen Plan, der nun 100 Anschlagsäulen sowie fünfzig Brunnenumhüllungen vorsah. Litfaß hatte gedanklich bereits die Pissoirs gestrichen. Wenn letztlich das Geld für die 30 Bedürfnisanstalten nicht mehr ausreichen würde, so wäre das schließlich auch allgemein verständlich gewesen, so spekulierte er, insgeheim auch der Zustimmung des Polizeipräsidenten sicher.

Mit jeder neuen Betonsäule wuchs auch das Interesse der Berliner Tageszeitungen. Sie verfolgten den Bau der neuen Straßenmöbel wie die Vorbereitung eines Großereignisses. Insgeheim erwartete man vielleicht, daß das neue Medium nicht nur das Anschlagwesen ordnen würde, sondern auch völlig neue Informationen öffentlich machen könnte. Doch Berlin befand sich noch längst nicht im industriellen Aufschwung. Die 15 000

Das Plakat anläßlich der Einführung der Anschlagsäulen 1855 zeigt drei Varianten: Anschlagsäule (Auf dem Hof der Litfaß'schen Druckerei in der Adlerstraße), Brunnenumhüllung *(Innen Wasser rein und hell/Ohne all' Gemisch!/Außen bunter Lebensquell/Alle Tage frisch!)*, Pissoir *(Was Noth thut zu so mancher Zeit,/Nicht gut sich thut mit Offenheit/Und weh' thut durch Versäumlichkeit,/Das thut gar wohl in Heimlichkeit.)*.
Foto: *Landesbildstelle, Berlin*

selbständigen Handwerker um die Jahrhundertmitte standen Veränderungen eher kritisch gegenüber. Nicht zuletzt deshalb fand Litfaß gerade in Geschäftskreisen nicht nur Befürworter seiner neuen Werbeidee.

Allein er war durchaus in Aufbruchstimmung. Die Anschlagsäulen würden die Nachfrage nach Plakaten und Annoncen enorm steigern. Mit dem Tag der Übergabe der 150 Säulen ginge seine Druckerei goldenen Zeiten entgegen. Doch der Geburtstag seiner Säulen sollte ein ganz besonderer Tag werden. Litfaß liebte Glanz, Glamour und schöne Feste. Alles, was er tat, mußte für ihn nach außen auch eine gewisse Ausstrahlung, eine Faszination haben. Er war keineswegs der Unternehmer, dem es nur auf Gewinne ankam. Gewinne förderten zweifellos das Geschäft, aber sie dienten ebenso als Mittel zu nützlichen Zwecken und sollten durchaus auch für die angenehmen Seiten des Lebens Verwendung finden. Darüber wird später noch zu berichten sein.

So hielt der 1. Juli 1855, der offizielle Einweihungstag, einige Überraschungen bereit. Zuvor erlebten allerdings Berliner Nachtschwärmer ein ganz besonderes Schauspiel. In der Nacht vom 30. Juni zum 1. Juli beobachteten sie nämlich auf den Straßen eine ungewöhnliche Emsigkeit. In einer konzertierten Aktion von Polizei und vielen Helfern wurden sämtliche Reste der alten Anschläge an Häusern, Zäunen und Bäumen entfernt. Das Schaben, Kratzen und Wischen, das Hantieren mit Leitern, Wassereimern und Karren war für den Uneingeweihten sicher ein Grund, schleunigst das Weite zu suchen. Litfaß schlief unruhig in dieser Nacht. Seine Säulen ließen ihn nicht zur Ruhe kommen. Jede einzelne war unter seiner Anleitung gewachsen. Er hat sie betreut wie seine eigenen Kinder. Manchmal träumte er von ihnen.Wie sie ihre Standorte verlassen, um sich zu treffen und zu tanzen und um Neuigkeiten auszutauschen. Vielleicht waren das Litfaß' Visionen von einer lebendigeren Stadt, heraus aus der Biedermeieridylle. Morgen würde also seine Idee Wirklichkeit werden. Was bisher nur als Beton mit aufgesetztem Eisenkranz sichtbar war, würde morgen Glanz bekommen. Denn dann würde jeder die über Nacht aufgeklebten Plakate wie Bilder bewundern können.

Auf seinem Schreibtisch lagen Abzüge des Werbeplakats für Berlins Neue Anschlagsäule. Litfaß selbst hatte es zur Eigenwerbung auf der Grundlage des Gethmannschen Konzepts drucken lassen. Darauf wohlsituierte Berliner Bürger und ein Junge mit Hund, die allesamt die Plakate an der Muster-Anschlagsäule im Hof der Litfaß' schen Druckerei bestaunen. Auch die Verwendung als Brunnenumhüllung und Pissoir ist auf dem Werbeplakat zu sehen. Jetzt sah die Säule vor seinem Fenster allerdings etwas anders aus. Bereits mit Kränzen geschmückt, erwartete sie den Morgen des Tages, der für Litfaß zu einem Ehrentag werden sollte, und als Geburtstag der »Litfaßsäule« in die Berliner Geschichte Eingang fand.

Wäre Litfaß nicht längst wach gewesen, hätte ihn morgens die eigens für diesen Tag komponierte »Ernst-Litfaß-Annoncir-Polka« mit Pauken und Trompeten aus seinem Bett geworfen. So nahm Litfaß das Ständchen mit Genugtuung entgegen. Natürlich lag die Annoncir-Polka bereits gedruckt vor. Ihr Schöpfer, der Musikdirektor Kéler Béla, hatte das Titelblatt mit einer Litfaßsäule versehen lassen, während die Textseite »Litfass' hundertfünfzig Kinder« vom Porträt des »Säulenheiligen«, wie Litfaß von den Berlinern später liebevoll-spöttisch genannt wurde, gekrönt war.

Die Berliner Presse feierte den Tag natürlich ebenso, hatte sie doch in ihrer Berichterstattung systematisch daraufhingearbeitet. Dabei räumte sie natürlich dem Ordnungsfaktor nach preußischer Manier die größte Bedeutung bei: »Mit dem 1. Juli ist der Residenz hinsichtlich ihres Plakatwesens eine neue Verbesserung zu Teil geworden. Noch um 10 Uhr des letzten Juniabends verunzierte das alte Anschlagsystem Brunnen, Bäume und Straßenecken, und um 4 Uhr des anderen Tages war auch jede Spur davon verschwunden. Es hatte große Mühe verursacht, die fast versteinerten Überreste in einer Nacht zu beseitigen, und waren beispielsweise hundertfünfzig Mann nur mit dem Reinigen der Bäume Unter den Linden beschäftigt gewesen.«

Die hunderfünfzig Säulen standen zunächst wie Fremdkörper an Straßenecken und auf Plätzen. Kritisch beäugten die Berliner die neuen, doch sehr massiven Straßenmöbel und lasen sorgfältig das Schwarzgedruckte auf den Plakaten. Die anfängliche spontane Neugierde wich allerdings sehr schnell echtem Bedürfnis nach den neusten Informationen, die zudem kostenfrei waren. Als nämlich kurze Zeit später die aktuellen Theater-, Konzert- und Zirkusankündigungen, sowie amtlichen Bekanntmachungen, Verordnungen, Gewerbean-

Plakat für ein »Grosses Extra Concert« am 4. Juli 1855 mit der »Ernst Litfass' Annoncir-Polka«, die der ungarische Komponist Kéler Béla für Litfaß aus Anlaß des offiziellen Einweihungstages der Berliner Anschlagsäulen komponierte. Foto: *Stadtmuseum Berlin, Christel Lehmann*

Ganz neues Lied.

Die 150 Berliner Kinder.

1.

Vor Zeiten war es anders,
Das weiß ein jedes Kind,
Da trug man keine Kleider,
Wie sie jetzt Mode sind.

Text der ersten Strophe der »Ernst Litfass' Annoncier-Polka«
Foto: *Landesbildstelle, Berlin*

schläge und anderes mehr zur Regelmäßigkeit wurden, glichen die Litfaßsäulen großen Zeitungen.

Zwar war die Litfaßsche Buchdruckerei schon so etwas wie eine Institution in Berlin – der Vater, Ernst Joseph Gregorius Litfaß, hatte sie bereits 1795 gegründet, und Litfaß selbst besaß ebenso bereits als Verleger einen Namen –, doch erst die Anschlagsäule machte Litfaß populär.

Die Litfaßsäule selbst wurde zum Inbegriff von Information und Reklame schlechthin in einer Stadt, die noch eng und kaum weltoffen war. Dieses Stück mehr Öffentlichkeit aber wurde begeistert von den Berlinern angenommen. Plötzlich tauchten Gedichte über den Erfinder und Miniatur-Nachbildungen der Säulen auf. Alle möglichen Gebrauchsgegenstände, vom Feuerzeug bis zum Necessaire, wurden mit den Litfaßsäulen bedruckt. Die Annoncir-Polka entwickelte sich zu einem wahren Hit und »Litfass' hundertfünfzig Kinder« zum Gassenhauer, von den Leierkastenmännern unermüdlich gespielt.

Ganz Berlin ließ von nun an Plakate bei Litfaß drukken. Einer der wichtigsten Kunden war schon immer der Zirkus Renz, dessen Plakate mit als erste an den Litfaßsäulen Bewunderung fanden. Hinzu kamen Kaufhäuser, Geschäfte, Theater, Restaurants, Tanzlokale, Weinstuben, Veranstalter aller Art. Die Kombination Plakatgestaltung und Litfaßsäule erwies sich für Litfaß als ideale Geschäftsgrundlage. Für viele Berliner waren die Litfaßsäulen das wichtigste öffentliche Informationsmedium.

Litfaß gab sich im Laufe der nächsten Jahre die allergrößte Mühe, seine Schöpfungen noch populärer zu machen. Berühmt war beispielsweise seine Berliner Litfaßsäule anläßlich der Heirat des Prinzen Friedrich Wilhelm von Preußen und der Prinzessin Victoria von Großbrittanien und Irland im Jahre 1858, als Lithographie selbstverständlich in seiner Druckerei gedruckt. Reklame bedeutete eben in Berlin Litfaß und Litfaß Reklame. Im Jahre 1865 kamen weitere fünfzig Litfaßsäu-

Zur Hochzeit des Prinzen Friedrich Wilhelm von Preußen und der Prinzessin Victoria von Großbritannien und Irland am 8. Februar 1858 entstand diese festlich geschmückte Litfaß'sche Anschlagsäule. Foto: *Stadtmuseum Berlin, Hans-Joachim Bartsch*

A. Müller-Schönhausen
Litfaßsäule mit Friedensdepesche, 1871.
Foto: *Stadtmuseum Berlin, Hans-Joachim Bartsch*

len hinzu, um die enorme Nachfrage zu befriedigen. Was Wunder, wenn Litfaß es war, der auch bei wichtigen Staatsangelegenheiten mit vollen Auftragsbüchern rechnen konnte. So erhielt er beispielsweise während der Kriegsjahre 1866 und 1870/71 das Exklusivrecht für die Erstveröffentlichung aller Kriegsdepeschen und Siegesbulletins. In Scharen versammelten sich die Berliner um die Litfaßsäulen herum, um aus den Meldungen etwas über Kampfhandlungen und den Kriegsverlauf zu erfahren.

Nach 1870/71 erließ der Magistrat die Anweisung, sämtliche Litfaßsäulen mit einem Ring zwischen Deckplatte und Zierkranz mit Hinweisen zu versehen, wo die nächste Feuer- oder Polizeiwache und das Postbüro zu finden waren.

Als »König der Reklame«, wie ihn die Berliner nannten, ließ sich Litfaß stets etwas Neues einfallen. Zur Huldigung des Kaisers ließ er dessen Büste auf seine Säulen setzen. Wegen des verwendeten Gipses hielten die zwar nicht sehr lange, doch allein der Effekt erhöhte seine Popularität. »Welchem Mann sind in Berlin die meisten Denkmäler gewidmet? – Dem Buchdrucker Ernst Litfaß mit seinen vielen Litfaßsäulen!« Dieses später oft angeführte Zitat macht deutlich, das Litfaß zu den bekanntsten Berliner Unternehmerpersönlichkeiten jener Zeit gehörte.

Die öffentlichen Bedürfnisanstalten aus dem Vertrag mit dem Polizeipräsidenten von Hinckeldey blieben dagegen mehrere Jahre tabu. Nachdem die Litfaßsäulen standen, trat er sogar offen gegen Pissoirs auf. Litfaß sah ebenfalls keine Veranlassung, diesbezüglich aktiv zu werden, erschienen ihm die Pissoirs für seine Zwecke ohnehin nicht geeignet. Zudem erinnerte er sich nur ungern an die Karrikaturen anläßlich der ursprünglich geplanten Pissoirs in seinen Säulen.

Erst 1863 wurden die ersten beiden Bedürfnisanstalten auf dem Askanischen Platz und auf der Fischerinsel errichtet. 1876, zwei Jahre nach Litfaß' Tod, war deren Zahl allerdings dann auf 56 angestiegen, bevor die sogenannten »Café Achtecks«, meist achteckige, gußeiserne Pissoirs, teilweise sehr kunstvoll verziert, auftauchten.

Die Brunnenumhüllungen aus Holz übrigens waren bereits ab 1860 ein Auslaufmodell. Nach und nach erhielten die alten Pumpen Gehäuse aus Gußeisen, teilweise außergewöhnlich kunstvoll gestaltet, wodurch sich eine Verkleidung erübrigte.

Am 1. Juli 1880 endete die Konzession für die Litfaßsäulen. Litfaß' Erben wurden mit ihrem Gebot von 35 000 Mark pro Jahr überboten. Die Auswirkungen auf das Geschäft waren einschneidend. Von da an lieferte die Litfaßsche Druckerei nur noch diverse Theaterzettel und druckte die Plakate für den Zirkus Renz und einige Ball-Lokale. Der Name Litfaß wurde Legende.

Die Litfaßsäule aber lebte weiter. Ihr Schöpfer hatte sie mit seiner ganzen Persönlichkeit fest auf den Straßen und Plätzen Berlins und im Bewußtsein der Berliner etabliert. Um die Jahrhundertwende zählte man 400 Litfaßsäulen in der Stadt. Mit der Gründung der Berliner Anschlag- und Reklamewesen GmbH (BEREK) übernahm die Stadt Berlin im März 1921 auch die Betreuung der Litfaßsäulen. Leider verschwanden von da an langsam die schönen historischen Säulen zugunsten funktioneller Ausführungen. Eine Renaissance der kunstvoll gestalteten Formen der Jahrhundertwende würde dem Stadtbild heute sicher guttun. Seit Beginn der städtischen Stromversorgung dienten einige als »Stromverteiler«, die in den 80er Jahren verschrottet wurden. Den Versuch, in ihnen Fernsprecher zu installieren, hat man schnell aufgegeben, obschon heute wieder im Gespräch. Eine multifunktionelle Nutzung war nie von langer Dauer, auch wenn Orson Welles im »Dritten Mann« sogar in einer Litfaßsäule, die ins Wiener Abwassersystem führte, verschwand. Eine Mehrfachnutzung, etwa als Geldautomat oder wieder als Fernsprecher, verändert die ursprüngliche Idee der Litfaßsäule derart, daß sie als solche nicht mehr verstanden werden kann. Sie ist damit eben zum Geldautomaten oder zum Fernsprecher mutiert. Nur die Litfaßsäule als eigenständiges Medium zu verändern, würde sie auf Dauer erhalten, ihre Idee retten.

Wenn Litfaß' hunderfünfzig Kinder von einst inzwischen die ansehnliche Zahl von 3 500 erreicht haben – Tendenz steigend! –, ist Skepsis freilich fehl am Platze. Aber vielleicht sollte gerade das ein Grund sein, sich mehr als bisher über das berühmte Berliner Straßenmöbel Gedanken zu machen.

DIE ROTE LITFASSÄULE

Auch für große Ereignisse oder deren Auswirkungen war die Litfaßsäule an der Ecke stets ein kleiner Focus. In den Bekanntmachungen, Flugblättern, Wahlaufrufen, Verboten, Mobilmachungen, Propagandaschriften usw. spiegelte sich Geschichte wider. Unmittelbar nach dem Zweiten Weltkrieg klebten beispielsweise vorwiegend Suchanzeigen und Schwarzmarktangebote an den Säulen. Die jetzt rekonstruierten Exemplare auf dem Olof-Palme-Platz sollen wieder ein solches Stück Geschichte zurückbringen oder daran erinnern.

Mich beschäftigte lange Zeit die leer gebliebene rote Litfaßsäule. Was könnten wir als Zeitzeugen darauf schreiben. Was ist heute so wichtig, daß es überall stehen müßte, und deshalb vielleicht auch noch in vielleicht fünfzig Jahren als bedeutsam oder bedenkenswert empfunden wird? So wie eben heute die Suchmeldungen an den schrecklichen Krieg erinnern.

Kein Mensch interessiert sich für eine rote leere Litfaßsäule, dachte ich, – und hatte mich gründlich geirrt. Als ich nämlich nach mehreren Wochen doch neugierig wurde und Richtung Olof-Palme-Platz ging, war da so ein eigenartiges Gefühl. Ging ich nur aus reiner Neugierde noch einmal zu den Säulen, oder hatte ich womöglich vor, etwas selber darauf zu schreiben? Diese Frage stellte ich mir zwar, doch verwarf sie sofort wieder, denn ich hatte nicht die geringste Ahnung von einem eventuellen Inhalt. Nur eines bemerkte ich: Meine Schritte wurden immer schneller. In Höhe des Elephantentores angekommen, erschrak ich fast und blieb spontan stehen. Die rote Litfaßsäule war tatsächlich beklebt.

Ich zählte sechs Blätter, fein säuberlich nebeneinander angeordnet, dicht beschrieben, unterhalb des oberen Metallkranzes.

Es war also kein Zufall. Ich war der Auserwählte, der insgeheim einer Vision gefolgt ist, deren Geheimnis sich mir jetzt offenbaren würde.

Sofort stürzte ich näher, um die Schrift lesen zu können, da fuhr mir erneut der Schreck in die Glieder, nur schlimmer. Die Schrift hatte einen Titel. Nein, es war eine Anrede, und es war meine Anrede: Lieber Litfaß! Ich wollte mich damals nach meinem erfolgreichen Kinobesuch überschwenglich bedanken und schrieb auf die Litfaßsäule an meiner Ecke: *Lieber Litfaß, Danke!* Und jetzt das.

Zunächst wagte ich nicht, weiterzulesen. Nervös lief ich um die anderen Säulen, um langsam zurückzukommen. Als wollte ich gleich etwas Verbotenes tun. Dann fing ich zu lesen an.

Lieber Litfaß,
ich schreibe Dir, weil sich hier sowieso kein Mensch für meine Geschichte interessiert. Du aber hast die schönen, dicken, runden Säulen erfunden, auf denen jetzt leider fast nur noch schöne Frauen für Autos, Versicherungen oder Zigaretten lächeln. Nur für Dich ist meine Geschichte. Deshalb habe ich sie auf die rote Litfaßsäule hier geklebt. Was hätte ich sonst damit machen sollen.

Von einem bösen Zauberer handelt diese Geschichte. Und wenn ich sie nicht selbst erlebt hätte, könnte ich sie kaum glauben.

Mitten in unserem Land, vor nicht allzu langer Zeit, hauste der Zauberer Lirobara in seinem Reich, einem kleinen Wäldchen mit unterirdischer Höhle, flachem und tiefem Moor, zahlreichen Irrwegen, einem rückwärtstreibenden Flüßchen, einem steinernen Löwen, einer hohen Eiche mit Adlerhorst und einem dies alles umgebenden unüberwindbaren Graben. Niemand von den Leuten des nahegelegenen Dorfes wagte sich nur in die

Nähe des kleinen Wäldchens. Aufblickend von der Arbeit auf den umliegenden Feldern, schauten sie manchmal ehrfürchtig und angstvoll dorthin, um sich dann schnell wieder ihrer Tätigkeit zuzuwenden. Es gab aber auch einige, denen nichts Besonderes im Gesicht geschrieben stand, und solche, die, ziemlich lautstark und heftig gestikulierend, offenbar überaus aktiv waren. Die meisten jedoch schien so eine gewisse Art von Müdigkeit befallen zu haben.

Es muß Hoffnungslosigkeit gewesen sein, denn über das Dorf, so berichtete eine alte Sage, habe der Zauberer Lirobara den Fluch gelegt, es werde eines Tages aussterben. Und zwar zusammen mit ihm selbst. Sicherlich war ihm bewußt, daß seine Zeit im Verlaufe des 20. Jahrhunderts vorbei sein würde, da hat dieser Bösewicht seinen unvermeidlichen Abgang noch an einen gemeinen Fluch geknüpft. Lirobara zu bekämpfen hieße also für die Dorfbewohner, sich selbst zu bekämpfen. Ihr Sieg würde gleichzeitig ihr Untergang sein: ein Teufelskreis. Sehr würdig bösen Zauberern: Ahnten sie ihr Ende, sollten alle anderen mit untergehen.

In dieser Situation kommt Mutiggut ins Dorf. Im Gasthof hört er die Geschichte und lacht laut und lange. Er nimmt sich vor, gleich am nächsten Tag dem angeblichen Zauberer einen Besuch abzustatten. Für ihn sind es Hirngespinste der Dorfbewohner und Lirobara allenfalls ein Betrüger.

Am nächsten Morgen geht er schnurstracks Richtung Wäldchen. Unterwegs trifft er einen alten Mann, der ihm ganz offensichtlich den Weg versperrt.

»Fremder«, sagt der alte Mann, »bevor du zu Lirobara gehst, sprich mit der Weisen Eule. Du wirst es nicht bereuen.« Und er zeigt mit seinem Stock auf einen riesigen Baum in der Nähe des Wäldchens. Dann geht der alte Mann ohne ein weiteres Wort seines Weges.

›Schon wieder ein neuer Unsinn‹, denkt Mutiggut, ›womöglich eine sprechende Eule.‹ Doch irgendetwas

hindert ihn jetzt daran, direkt zum angeblichen Zauberer zu gehen. Vielleicht war es der Ausdruck des alten Mannes, oder es ist die fast unheimliche Stille in der Luft, die Mutiggut wankelmütig macht.

Schließlich steht er wartend vor einer gewaltigen Eiche, als die sich besagter Baum erweist. Freilich außerordentlich skeptisch, denn in sehr ungläubiger Weise beginnt er zu rufen: »Zeig dich, du sprechende und weiseste aller Eulen!«

Tatsächlich hört er nach einer Weile folgende Worte: »Erschrick nicht, Mutiggut!

Ich weiß, du kommst aus einer Welt, in der die Menschen nicht mehr an Märchen glauben. Hier aber bist du in eine Welt geraten, wo ein böser Zauberer herrscht und ein Dorf in Angst und Schrecken hält. Du willst zu Lirobara, es wäre dein sicherer Tod oder das Ende deines unbeschwerten Lebens.

Mutiggut ist es plötzlich, als erlebe er wahrhaftig ein Märchen am eigenen Leibe. Dorfbewohner, die von einem bösen Zauberer erzählen, eine sprechende Eule und Worte, welche er zuvor noch nie gehört hatte, bringen ihn plötzlich in eine andere Wirklichkeit. Er spürt am ganzen Leib, daß soeben mit ihm etwas geschehen ist, was sein weiteres Leben bestimmen würde.

»Was soll ich tun?« ruft er in den gewaltigen Baum hinein. »Geh ins Dorf und lebe dort oder zieh weiter!« hört er wie von weiter Ferne. Das Rauschen der Blätter fesselt ihn noch eine Weile an diesen Ort. Dann geht er geradewegs ins Dorf. ›Weggehen steht mir ja immer noch frei‹, denkt er noch.

Auf was er sich da eingelassen hatte, das erfährt er im Verlauf der nächsten Wochen. Das ganze Dorf arbeitet für den Zauberer, und zwar sehr schwer. Lirobara seinerseits läßt jedem einmal im Monat eine Spritze verabreichen, um möglichst alle gefügig zu machen. Genauestens wird registriert, wer nicht zur »monatlichen Pflege«, wie es heißt, erscheint. Um diejenigen kümmert sich

Lirobara höchstpersönlich. Das ist mit Verfolgung und schlimmer Bestrafung verbunden.

Manche im Dorf sind schon abhängig von der Spritze, die meisten haben Angst vor Strafe, gehen hin und ärgern sich jedesmal über ihre eigene Schwäche. Wenige verstecken sich. Hin und wieder wird bekannt, daß ein »Verschwörer« entdeckt worden ist und bestraft werden mußte. Diese Leute sieht man nie wieder im Dorf.

Es gibt aber auch welche, die arbeiten freiwillig für Lirobara und preisen ihn als größten aller Zauberer. Denen geht es ganz gut, und sie wollen auch keine Veränderungen. Im Gegenteil: Der Fluch dient ihnen als Gesetzesgrundlage, von der zahlreiche Verordungen, Anweisungen und Richtlinien ausgehen.

Für Mutiggut ist das eine völlig neue, ganz andere Welt als jene, die er bis dahin kennengelernt hatte. Doch bald wird es auch die seine. Wohl nach einer Gnadenfrist des Zauberers steht er alsdann vor der Wahl, entweder zur »monatlichen Pflege« zu gehen, oder gegen Lirobara zu kämpfen.

Zum Kampf entscheidet sich Mutiggut, nachdem ihm klargeworden ist, daß der Fluch des Zauberers eine große Lüge sein mußte. Wie anders wären die peinlichen Disziplinierungsmaßnahmen zu verstehen gewesen. Der alle lähmende Teufelskreis existiert überhaupt nicht wirklich. Mit dieser Erkenntnis ist es Mutiggut nicht möglich, weiterzuziehen und die Dorfbewohner ihrem Schicksal zu überlassen.

Seinen Namen hatte sich der einst unbeschwerte Wanderer offenbar zu Recht gegeben. Allerdings ist es ein erbitterter Kampf. Zu jedem Zaubermittel Lirobaras – er ist ein listiger Verwandlungskünstler – muß ein Gegenzauber gefunden werden.

Schließlich gelingt das schier Unglaubliche: Lirobara wird von den Dorfbewohnern besiegt. Mutigguts Aufga-

be besteht darin, ihn vor aller Augen lächerlich zu machen. In diesem Moment nämlich ist der Zauberer besiegt und fliegt zum letzten Mal als Adler davon.

Welche Abenteuer Mutiggut im Wäldchen zu bestehen hat, wie er das flache und das tiefe Moor überwindet, wie er das rückwärtstreibende Flüßchen überlistet und den steinernen Löwen bezwingt, kann hier nicht näher beschrieben werden. Eine genaue Schilderung des Kampfes enthält das Goldene Buch des Dorfes, das die Aufschrift trägt: »Unser Kampf gegen Lirobara«. Es liegt in einem verschlossenen Glaskasten. An Feiertagen wird es herausgenommen, um öffentlich daraus vorzulesen. Mutiggut wird Bürgermeister, und die Geschichte wäre hier am Ende, wenn nicht eine Fortsetzung ganz anderer Art die Dorfbewohner beschäftigt hätte.

»Wir haben stets unserem Zauberer gedient. Jetzt ist er nicht mehr. So brauchen wir nur noch uns selbst zu dienen.« Das waren die letzten Worte der Dorfbewohner nach ihrem Sieg über Lirobara. Doch in der darauffolgenden Zeit ist nicht etwa das Dorf wie umgekrempelt und bricht zu neuen Ufern auf. Es ist, als kehre die alte Hoffnungslosigkeit zurück. Als könnten sie nicht für sich selbst arbeiten. Statt dessen quält sich jeder Tag dahin. In den Geschäften gibt es weniger und weniger zu kaufen.

Es kommt sogar so weit, daß sich manche den alten Zauberer zurückwünschen.

Mutiggut erkennt die aufkommende Gefahr, weiß jedoch kein einziges Mittel dagegen.

›Hat Lirobara womöglich immer noch Macht über uns?‹, fragt er sich immer dann, wenn sein Blick auf das Goldene Buch fällt.

Verzweifelt schickt er die Jüngeren in alle Welt. Sie sollen schauen, wie es dort zugeht.

Einige kehren überhaupt nicht zurück. Jene, die den Weg zurückfinden, meinen, es sei draußen ganz anders. Da erinnert sich Mutiggut an die weise Eule und macht sich auf den Weg zu ihr, in der Hoffnung, sie wisse Rat. »Ihr Menschen kommt offenbar ohne Zauber nicht aus«, ruft es aus dem riesigen Baum

»Nimm meine Feder, sie wird euch helfen. Ich werde jetzt anderswo dringender gebraucht. Euren Weg müßt ihr von nun an alleine gehen.«

Es ist eine wunderschöne Feder. Auf dem Weg ins Dorf ist er fasziniert von ihrem Glanz und ihren schillernden Farben. Kleine, wundersame Strahlen gehen von ihr aus. Eine befreiende Leichtigkeit erfaßt Mutiggut, der plötzlich wie verwandelt scheint.

Die Dorfbewohner fühlen sich sofort angezogen von seinem Lächeln, seinem unbeschreiblichen Glücksgefühl. Sie laufen ihm nach, als habe er den Schlüssel zu ihrer aller Erlösung gefunden.

Da läßt Mutiggut die Feder los, und etwas Unglaubliches geschieht. Alle laufen wie hypnotisiert der in der Luft tanzenden Feder nach. Sie stöhnen, jauchzen, lachen und umarmen sich. Wie weggeblasen sind Müdigkeit und Hoffnungslosigkeit vieler, die nicht an ein Zauberwort glauben konnten. Selbst Leute, die sich sonst aus dem Weg gingen, liegen sich in den Armen. Eine euphorische Stimmung erfaßt das Dorf. Bis in die späten Abendstunden hinein laufen die Leute der geheimnisvollen Feder nach und sind dabei so frei und glücklich wie kurz nach ihrem Sieg über Lirobara.

Noch am späten Abend beginnt Mutiggut, über die seltsame Feder der Weisen Eule nachzudenken, bis er – von diesem wunderbaren Tag erschöpft – einschläft.

Am nächsten Tag ist das Dorf still wie eh und je. Früher als sonst geht Mutiggut die Dorfstraße entlang zu seinem Amtssitz. Plötzlich dringen Geräusche an sein Ohr, die für diese Zeit ungewöhnlich sind. Fenster werden geöffnet, Möbel lautstark gerückt, Geschirr klirrt. Klopfen, Schlagen, Hämmern, Quietschen – eine ganz neue Klangwelt zu dieser frühen Stunde, zu der sonst nur die Katzen über die Straße huschten.

Immer noch sehr nachdenklich, fast in sich versunken, steht Mutiggut mitten auf dem Dorfplatz. Mutiggut schaut um sich. Aber jetzt nicht etwa mehr wie ein Zweifelnder oder gar Verzweifelter, sondern eher wie ein richtiger Bürgermeister kurz vor einem normalen Arbeitstag, und ganz langsam steigt eine Vision in ihm auf. Aus einem winzigen Funken heraus wird sie größer und größer. Bis sein Bewußtsein ganz damit erfüllt ist. Da versteht Mutiggut plötzlich die Lektion der Weisen Eule als Aufforderung, dieser Vision zu folgen – so wie der geheimnisvoll schillernden, Glück verheißenden Feder.

Ich weiß, lieber Litfaß, die Geschichte hört sich an wie ein Märchen. Ich kann Dir aber versichern – sie ist wahr. Ich selbst bin nicht mehr Bürgermeister. Die Dorfbewohner bedankten sich bei mir, doch sei ich im Grunde für sie ein Fremder und würde es immer bleiben, meinten sie zum Abschied. Was bleibt, ist meine Geschichte.

Mutiggut

Die Sonne stand jetzt ziemlich tief und ein langer spitzer Schatten schob sich zwischen die fünf Säulen. Ich stand wie erstarrt. Die Geschichte hatte mich derart ergriffen, daß ich keinen klaren Gedanken zu fassen imstande war. Wochenlang blieb die rote Litfaßsäule leer, war keiner der Aufforderung des Künstlers gefolgt, und nun das: diese unglaubliche Geschichte, offenbar von Mutiggut selbst hier angeklebt.

Sicher ereignen sich die für Menschen wichtigsten Geschichten in den sogenannten Umbruchszeiten. Doch schreibt sie meist niemand auf, weil dafür keine Zeit bleibt. Umbruchszeiten gehen schnell vorbei und weichen der Normalität. Die Historiker versuchen dann später streng wissenschaftlich, eine Wertung für die Geschichtsbücher vorzunehmen. Ich hatte das Glück eines unmittelbaren Zeitzeugenberichts vor Augen – an einer Litfaßsäule. Das nährte natürlich meine augenblickliche Litfaßsäuleneuphorie, und ich wurde bestärkt, am Thema zu bleiben. Wer weiß, wohin mich das alles noch treiben würde.

Mutigguts Geschichte nahm ich natürlich in das Buch auf, in der Hoffnung, es ist in seinem Interesse. Vielleicht hat er auch vergeblich versucht, sie jemandem zu erzählen, oder sie gar zu veröffentlichen. Daß er zur selben Zeit wie ich die gute alte Litfaßsäule für sich entdeckt hat, verband mich sehr mit ihm. Vielleicht habe ich das Glück, irgendwann einmal seine ganze Geschichte zu erfahren.

ALS WERBUNG NOCH REKLAME HIESS

Es gibt Marken, die sind unsterblich. Ihr Design und ihre Werbung haben sie am Leben erhalten. Nivea Creme existiert seit 1911. Ihr klarer Schriftzug auf blauem Grund vermittelt Zufriedenheit und Vertrauen bis heute. Noch älter ist die legendäre Maggi-Flasche. Seit 1887 gibt es die Bauchigbraune mit dem roten Schriftzug auf gelbem Grund. Nicht zuletzt die bauchige Form hat ihr Unsterblichkeit verliehen. Genau wie der Litfaßsäule. Wäre sie nicht von vornherein rund gewesen, hätte man sie abgelehnt. Rund war nicht nur damals »in«. Für Werbedesigner spielen runde Formen nach wie vor eine wichtige Rolle. Rundungen sind weiblich, Rundungen erzeugen Assoziationen. Die ganze Welt ist rund. So war die Litfaßsäule der Beginn einer akzeptierten und sogar behördlicherseits unterstützten Reklame. Was zuvor die Firmenschilder noch nicht zu vermitteln imstande waren.

Schon im England des 18. Jahrhunderts erregten Reklameschilder ob ihrer Anbringung sowie ihres fragwürdigen Inhalts die Gemüter. »Ich würde anordnen, daß jedes Geschäft ein Zeichen benutze, welches einige Verwandtschaft mit den Waren besitzt, mit welchen es handelt. Was kann aber unzusammenhängender sein, als ein Kupplerhaus mit dem Zeichen eines Engels oder ein Schneider mit dem eines Löwen? Ein Koch soll sich nicht nennen ›Zum Stiefel‹ und ein Schuster nicht ›Zum gerösteten Schwein‹...«, mokierte sich 1710 der »Spectator«. Zudem forderte sogar der Wettlauf um das größte Reklameschild Menschenopfer. In der Londoner Brigde Street erschlug ein herausgerissener Träger vier

Menschen. Der aufkommende Konkurrenzkampf veranlaßte die Geschäftsleute und Händler, weder auf ordnungsgemäße noch auf angemessene Anbringung der Schilder zu achten. In Paris sah sich der Polizeichef 1761 zu folgender Verlautbarung veranlaßt. «Die vorspringenden Schilder lassen die Straßen enger erscheinen und behindern in den Geschäftsstraßen die Sicht aus den oberen Stockwerken und selbst die Beleuchtung durch die Laternen, indem sie eine für die öffentliche Sicherheit nachteilige Verdunkelung verursachen; sie bilden eine ständige Gefahr für die Köpfe der Passanten...«

Demgegenüber wurden vor allem amtliche Ankündigungen an Rathäusern und Kirchen oder auch an der Dorflinde in Form von Plakaten angebracht. Ortsübergreifende Aushänge waren die Ausnahme. Lediglich reisende Apotheker, Buchhändler oder Zirkusse benutzten Aushänge zur Selbstdarstellung. Die Wirtschaftswerbung beschränkte sich lange Zeit auf das Bemalen von Außenwänden.

Erst mit dem Einsetzen der industriellen Revolution gewann die Reklame an Bedeutung. Massenproduktion und sich verschärfender Konkurrenzkampf förderten in England in der ersten Hälfte des 19. Jahrhunderts auch die Reklame. Die neuen Technologien der Papierherstellung und der Einsatz neuer Drucktechniken führten zu einer wahren Plakatschwemme: »Wer nicht in London war, kann sich keine Idee von der Weise machen, in welcher oft die herrlichen öffentlichen und Privatgebäude mit Anschlagzetteln von allen Farben und Größen oft mehrere Quadratklafter weit überkleistert sind...« 1824 ließ sich Samuel Harris die achteckige Säule patentieren, die man als Vorläufer der späteren Litfaßsäule bezeichnen könnte. Deren umständliche Handhabung – sie nahm nur Plakate bestimmter Größen auf und mußte von einem Pferdefuhrwerk durch die Straßen gezogen werden – bescherte ihr allerdings nicht den gewünschten Erfolg. Gleiches gilt für die monströsen Reklamewagen, die, allseitig beklebt mit Plakaten, die Londoner City verstopften. Um dem Plakatunwesen einigermaßen

Berliner »Sandwich-Mann« vor der Universität
Unter den Linden um 1900. Foto: *Landesbildstelle, Berlin*

Herr zu werden, ging die englische Polizei 1839 sogar dazu über, Zäune zu vermieten. Dies alles änderte allerdings kaum etwas am allgegenwärtigen Plakatdschungel.

In der Mitte des 19. Jahrhunderts tauchen dann in London die »Sandwich-Männer« mit Plakaten vor Bauch und Rücken auf, benannt nach Lord Sandwich, dessen Koch die belegten Weißbrote erfand. In den 70er Jahren gehörten sie auch zum Berliner Straßenbild. Später warben sie, als Köche verkleidet, für ein Restaurant oder machten Produktwerbung unter beispielsweise übergroßen Zigarettenschachteln.

Die Litfaßsäule aber, 1855 als Berlins neue Anschlagsäule gefeiert, brachte den eigentlichen Durchbruch in der Außenreklame. Sie war im Gegensatz zu den fahrbaren Ungetümen aus London fest und massiv gebaut – sowie praktisch in der Form. Und sie wurde darüber hinaus nicht nur als Werbeträger, sondern auch als allgemeines, für jedermann zugängliches Informationsmedium begrüßt. Sie ist seitdem *der* Urtyp der Reklameträger überhaupt. Und sie war bestens geeignet, jede

Plakatform aufzunehmen. Besonders farbige Lithografien, die auch Litfaß druckte, eroberten in der zweiten Hälfte des 19. Jahrhunderts die Straße, und zahlreiche Künstler beförderten mit ihnen die »bunte Reklame«. Die Lithografie erwies sich als die geeignetste Technik, denn mit ihr waren mehrfarbige, großformatige Bildplakate mit relativ einfachen Mitteln möglich: Der Bildentwurf, die Zeichnung, wird direkt auf einen geschliffenen Stein mit Fettkreide aufgetragen, als würde man auf Papier zeichnen. Selbstverständlich seitenverkehrt, denn es ist eine Drucktechnik. Der Rest der Fläche wird mit Säure behandelt. So nehmen die gezeichneten Stellen die Druckfarbe an, während sie der »geätzte« Teil der Fläche abstößt. Jede Farbe hat ihre eigene Druckplatte, mit der nun nacheinander der eigentliche Druck auf der Handpresse ausgeführt wird.

Seiner neuen Drucktechnik hatte Aloys Senefelder im »Lehrbuch der Steindruckerey« 1818 folgendes mit auf den Weg gegeben: »Ich wünsche, daß sie bald auf der ganzen Welt verbreitet, der Menschheit durch viele vortreffliche Erzeugnisse vielfältigen Nutzen bringen, und zu ihrer größern Veredlung gereichen, niemals aber zu einem bösen Zwecke mißbraucht werden möge…« Vor allem der Franzose Jules Chéret, der in Paris eine »Lithographische Anstalt« betrieb, verhalf der Plakatreklame mit Hilfe der Lithografie zu großer Popularität. Seine übergroßen kunstvollen Bildplakate begeisterten sofort die vergnügungssüchtigen Pariser. Für Varietes, Tanzlokale, Restaurants, Zirkusse und Kaufleute trafen Chérets Kreationen um die Jahrhundertwende genau den Zeitgeist: Amüsement und unerschütterlicher Fortschrittsglaube an die Errungenschaften der Technik. Das galt natürlich auch für Berlin, wobei vor allem große Industrieunternehmen wie die AEG oder Zeiss die besten Werbekünstler verpflichteten. Die Lithografie machte die Straßenreklame so attraktiver und paßte besser zur Marktstrategie expandierender Firmen. Reklameplakate wurden zu wichtigen Mittlern zwischen Angebot und Nachfrage und zu Verführern der potentiellen Käufer.

Industrielle Massenproduktion und Ausweitung der Märkte führten gleichzeitig zur Markierung der Waren, deren Unterscheidung und also Wiedererkennung unverzichtbare Voraussetzung für den Verkaufserfolg war. Der Markenartikel wurde geboren. Beispielsweise gab der Unternehmer Ferdinand Mülhens 1881 einem seiner Duftwasser den Markennamen »N°. 4711«. Es war die Hausnummer seines Firmensitzes in der Kölner Glokkengasse. Ein Wiedererkennungseffekt entstand auch durch den Einsatz von Werbefiguren auf den Plakaten. Ein bekanntes Beispiel dafür ist der Michelin-Reifenmann.

In der Epoche des Jugendstils, der Belle Epoque, erreichte die Plakatgestaltung einen künstlerischen Höhepunkt. Geschwungene Linien, Spiralen, Ranken und die typische Ornamentik bestimmten die Plakate. Die Zukunft als eine ins Unendliche aufsteigende Linie – das war die geistige Grundhaltung des Jugendstils. Das alte Jahrhundert wurde verabschiedet und das neue mit Zuversicht und Optimismus begrüßt. Dem Credo, alle Dinge des Lebens in die Kunst einzubeziehen, verpflichteten sich auch die Jugendstil-Künstler, die keine Unterschiede mehr zwischen der hehren Kunst und beispielsweise dem Kunstgewerbe machten. Die Plakatreklame hat davon enorm profitiert.

Längst hatte sich aber auch die andere große Gruppe der Werbeträger etabliert, die Printmedien. Bereits nach der Revolution von 1848/49 bekam die bis dahin vorherrschende Plakatreklame Konkurrenz. Neugründungen von Zeitungen, Zeitschriften und Illustrierten – ähnlich wie nach 1989! – versuchten, mit Hilfe auch von Anzeigen wirtschaftlich bestehen zu können. Von einem wirklichen Anzeigengeschäft konnte man allerdings erst in den Jahren nach der Reichsgründung sprechen, als die Zeitungen Massenauflagen erreichten. Bereits für Rudolf Mosse, der 1871 das »Berliner Tageblatt« gründete, waren Annoncen eine wichtige Finanzierungsgrundlage. Der »Berliner Lokal-Anzeiger« dann, 1883 erstmals erschienen, wurde sogar ausschließlich über Anzeigen finanziert. Im Berlin der achtziger und neunziger Jahre hätte sich Litfaß sicherlich an seinen ersten London-Besuch erinnert. Wie glichen sich doch jetzt die Bilder. Die aufstrebende Reichsmetropole versank genauso in der Reklameflut wie ihr britisches Vorbild. Und die Zeitungsverkäufer mit ihrem Tragegestell, in dem die verschiedensten Blätter steckten, priesen diese genauso lautstark an, wie ihre Londoner oder Pariser Kollegen. Dennoch ward offenbar der Reklame schlechthin ein Makel mit in die Wiege gelegt worden. Viele Geschäftsleute hätten »eine heilige Scheu vor aller geschäftlichen Ankündigung«, stellte 1887 der Reklamefachmann Rudolf Cronau fest. Gegen das Verkaufen gab es natürlich keine Einwände, doch der Reklame lag das Verkaufenmüssen zugrunde, und damit tat sich manch sogenannter ehrbarer Kaufmann schwer.

Das Busineß in den Vereinigten Staaten gestaltete sich dagegen von Anfang an selbstverständlicher und auch agressiver. Als Vater der modernen Wirtschaftswerbung gilt der amerikanische Zirkusdirektor Phileas Taylor Barnum. Mit spektakulären Aktionen half er der offensiv geführten Reklame auf die Beine. Mit extravaganten Aktionen und skurrilen Einfällen überraschte er seine Zeitgenossen. So ließ er 1849 zwei seiner Elephanten Reklamewagen auf dem New Yorker Broadway hin- und herziehen. Als eigene Zirkusreklame setzte er vier Jahre später erneut eines seiner Haustiere ein. Jedesmal, wenn ein Personenzug entlang der Eisenbahnlinie zwischen New York und Newhaven vorbeifuhr, sollte der Elephant gemeinsam mit seinem Wärter den Acker umpflügen. Auch den Wert von immer wiederkehrenden Zeitungsanzeigen erkannte Barnum frühzeitig: »Homöopathische Dosen von Anzeigen schlagen freilich nicht besonders ein. Wie ein zu schwaches Brechmittel machen sie übel, ohne zu wirken.« Über die Zurückhaltung im Anzeigengeschäft schreibt die »New Yorker Tribune« 1885: »Es ist Torheit, von den Kosten des Inserierens zu sprechen. Ebensogut könnte man etwas gegen die Ausgabe für Mittel sagen, wodurch man Waren

Reklameplakat für das Herren- und Knabenbekleidungshaus Bernward Leineweber in Berlin-Kreuzberg.
Foto: *Landesbildstelle, Berlin*

vor schlechtem Wetter und vor Dieben schützt.« Im Gegensatz zu Deutschland wurde in den USA die Reklametrommel schneller und kräftiger gerührt.

Mit der Massenfakrikation kam auch eine besonders verbreitete und beliebte Reklameform, die der Emailschilder. Man sprach zwar auch damals bereits von einer »Markenreklameschilderseuche«, doch gehörten sie offenbar für jeden Händler zur Grundausstattung. In manchen Geschäften wurden bis zu 40 Reklameschilder aus Email gezählt. Eine Erhebung aus den USA registrierte beispielsweise um 1930 entlang des kalifornischen Straßennetzes insgesamt 46 000 Reklameschilder. Heute sind die alten Schilder begehrte Sammelstücke und finden als Kopien reißenden Absatz.

Mit dem Aufkommen der Ansichtspostkartenindustrie stand in Berlin für Reklamezwecke noch ein ganz anderer Werbeträger zur Verfügung: die Ansichtskarte. Nach der Reichsgründung setzte diese Entwicklung ein und boomte nach der Jahrhundertwende. Ob für eine Zeitung, eine Biermarke, den Tierschutzverein, für Stadtrundfahrten, ein Weinlokal oder Bienenhonig – unzählige Motive von unzähligen Geschäftsleuten überschwemmten die Stadt. Denn jeder, auch der weniger Bemittelte, konnte mit geringem Aufwand auf diese Weise für seine Produkte werben. Bevorzugt waren Motive in Verbindung mit Stadtansichten oder besonders attraktiven Bauwerken, die den Hintergrund der Karte bildeten. Auch Sonderangebote und Ausverkäufe wurden auf diesen Reklamepostkarten angekündigt. Postkarten als Werbeträger verschwanden wieder unmittelbar nach dem ersten Weltkrieg.

Große deutsche Firmen erkannten bereits früh die Wichtigkeit entsprechender Reklame und bedienten sich aller gängigen Werbeträger. Die Firma Henkel beispielsweise investierte bereits 1908 eine Million Reichsmark für Print- und Plakatwerbung sowie Prospekte. In ganzseitigen Anzeigen bot sie sogar eine Herstellergarantie an. Auch offensiv ließ man sich bei Henkel etwas einfallen und schickte weißbekleidete Männer mit

Pferdefuhrwerk als Reklamefahrzeug für die Brotfabrik »Heinersdorfer Mühle«. Foto: *Landesbildstelle, Berlin*

großen Persil-Sonnenschirmen durch einige deutsche Städte. 1913 tauchte der Werbeslogan »Persil bleibt Persil« auf, den ersten Werbefilm drehte Julius Pinschewer 1921 für die Firma. Bei Sarotti sorgte der Mohr als Werbefigur ab 1918 auch für den späteren Exporterfolg. Bereits 1894 startete Henkell seine erste größere Werbekampagne. Zehn Jahre später ist das Reklamebudget bereits auf 100 000 Reichsmark geklettert, und ab 1936 zierte der »schwarze Herr« als Mann von Welt sämtliche Plakate und Anzeigen.

Emailschilder mit der legendären Maggi-Flasche oder Dr. Dralles Birken-Haarwasser und ebenso die wunderschönen Jugendstil-Werbeplakate zieren zwar noch heute Restaurants, Bierkneipen und heimische Küchen, doch sind sie allenfalls nostalgische Kulisse. Daß sie zu Kultstücken avanciert sind, läßt sie zum Glück nicht aussterben. Nicht ausgestorben ist indes auch nicht die alte Form der Reklame. An Litfaßsäulen, Häuserwänden, Bauzäunen, auf S- und U-Bahnstationen kleben nach wie vor die bunten Plakate. Nur werben heute bekannte Schauspieler, Sportler oder superschlanke Models für die Zigarettenmarken, Power-Drinks oder die Telekom. Doch die traditionelle Reklame ist längst zur Werbung mutiert. Die elektronischen Medien haben inzwischen eine Werbemaschinerie inszeniert, die Tag für Tag Millionen von Werbebotschaften produziert. Werbung hat heute einen solchen Stellenwert, daß ihre nüchterne Definition am Beginn des zweiten Kapitels unwillkürlich zum Schmunzeln anregt, klingt sie doch nicht nur sprachlich antiquiert – eher wie eine amtliche Bekanntmachung aus dem 19. Jahrhundert –, sondern vor allem inhaltlich. Als wollte man ihre Bedeutung auf die einfache Reklamefunktion reduzieren. So impliziert die Definition unwillkürlich einen Mangel. Den Mangel nämlich, das Thema nicht umfassend genug im allgemeinen Bewußtsein wahrnehmen zu wollen.

Eine Art moralische Verweigerungshaltung des Bildungsbürgertums, Werbung zu kultivieren, führte ja von jeher dazu, Reklame eher abzuwerten, ihre Daseinsberechtigung allenfalls zu tolerieren oder sie lediglich als schnelle Geldeinnahmequelle zu nutzen, was die magere Ausbeute bei so manch berühmtem Dichter beweist: »Vater, mein Vater! Ich werde nicht Soldat, dieweil man bei der Infanterie nicht Maggi-Suppen hat«, floß aus der Feder des jungen Frank Wedekind, während sich Joachim Ringelnatz etwas mehr Mühe gab: »Hast du einmal viel Leid und Kreuz, dann trinke Geldermann und Deutz. Und ist dir wieder besser dann, dann trinke Deutz und Geldermann.«

Ob nun lediglich als Mittel zum Zweck verstanden oder als wichtiges geschmacks-, stil- und verhaltensbeeinflussendes Instrumentarium der modernen Industriegesellschaft akzeptiert: Werbung ist heute so gegenwärtig, daß man sich ihr kaum entziehen kann. Besonders der Werbefilm, die Fernsehwerbung, ist inzwischen fester Programmbestandteil und gar Voraussetzung für das eigentliche Programm. Das gilt natürlich auch für Zeitungen und Zeitschriften. Dabei faszinieren manche Werbeideen derart, daß sich manche Sentenz unversehens in der Alltagssprache wiederfindet (»Man gönnt sich ja sonst nichts«). Ein keineswegs neues Phänomen, wie die Geschichte des deutschen Werbefilms beweist. Sie reicht von einem der ältesten Werbefilme (er dokumentiert den Bau eines Opel-Automobils für den deutschen Kaiser) über die Cola-Werbung (»Alles ist in Afri-Cola«) von 1969, die das Lebensgefühl der Hippie-Generation ausdrücken sollte, bis eben zur Light-, Fun-, Sex-Appeal- oder Lifestyle-Werbung von heute. Loriots Knollennasenmännchen für Scharlachberg und der HB-Büromensch (»Frohen Herzens genießen«) sind bereits legendäre Klassiker. Waren die einstigen Retorten-Stars tanzende Zigaretten, Autos mit Eigenleben oder lebendige Produktverpackungen, sind es heute raffiniert gestrickte Computeranimationen, die mit Hilfe von Prominenten die zeitgeistbedienenden Werbebotschaften suggerieren.

Film und Fernsehen sind zwar die attraktivsten Werbeträger, doch sie zeigen nur eine Seite der Branche. Generell geht heutzutage ohne Werbung nichts mehr, sagen die Marketingstrategen. In den ausgereizten Märkten der hochentwickelten Industrieländer können sich nur noch Produkte behaupten, die mit permanentem Werbeaufwand angeboten werden. Das führt nicht selten zu grotesk wirkenden Produktideen oder umstrittenen Werbekampagnen, wie zum Beispiel der schockierenden Benetton-Werbung. Wegen des hohen Stellenwerts vor allem der Fernsehwerbung kalkulieren die Unternehmen enorme Werbebudgets. Für einen 30-Sekunden-Werbespot eine halbe Million Dollar auszugeben, ist in den USA keine Seltenheit. Die besten Cornflakes sind nicht die wirklich besten, sondern die mit der besten Werbung. Ohne Werbung erblickt kaum mehr ein Produkt das Licht der Welt. Um es auf die Spitze zu treiben: Die Werbung benennt ein Problem, um es dann mit einem neuen Produkt zu beseitigen – zum vermeintlichen Nutzen des Verbrauchers.

Und die Werbung hat auch den Künstlern zum Teil ihre Daseinsberechtigung genommen. Hat sich der

Litfaßsäule in der Masurenallee, Ecke Messedamm. Im Hintergrund das Messegelände und der Berliner Funkturm, 1957.
Foto: *Landesbildstelle, Berlin*

Künstler in früheren Zeiten noch als Provokateur verstanden, elitär und abgehoben seine individuelle Sichtweise der Dinge zum Ausbruch gebracht, sind heute die Grenzen zwischen Kunst und Werbung nicht mehr genau auszumachen. Seit Andy Warhol zu den bestverkauftesten Gegenwartskünstlern gehört, haben Coca-Cola-Flaschen, Suppendosen, Waschmittelverpackungen und Serienfotos den Weg in die Kunst gefunden. Als Werbegrafiker und Buchillustrator hatte der Pop-Art-Künstler genau die Technik angewandt, die der modernen Gesellschaft am besten entspricht: die Reproduktion. Plakative Techniken passen besser zur Konsumgesellschaft als die hehre Kunst.

Um jedoch permanent wirksam zu sein, veränderten sich auch die Werbebotschaften bzw. deren Inhalte. Provokation und Subtilität sind längst Bestandteil der Werbekonzepte. Mit immer neuen Ideen und enormem Aufwand kämpft die Werbeindustrie um die Gunst des Verbrauchers. Während die »jungen Kunden« mit Preisrätseln, Comics und Kid-Clubs an die einschlägigen Firmen gebunden werden sollen, gilt für den volljährigen Verbraucher nach wie vor das Kästner-Zitat: »Die Werbung zielt unter die Gürtellinie, um an die Brieftasche zu kommen.« Daß es dabei um Milliarden geht, beweist die Medienwerbung tagtäglich. Die Bezüge des Art-Direktors so mancher Werbekampagne sind mit denen eines Top-Managers der Automobilindustrie ohne weiteres vergleichbar. Es mutet wie ein unverständlicher Widerspruch an, daß nur noch ein solch immanentes Produkt des Kapitalismus wie die Werbung schockierend, provozierend und kreativitätsfördernd ist. Wir empören uns oft über die das Fernsehbild störenden Werbeblöcke. Dabei sind sie das Mittel zum Zweck. Werbung ist zum Katalysator eines Kreislaufs geworden, der andernfalls in sich zusammenbrechen würde.

Müßten wir deshalb nicht froh sein über jede Werbeidee, die dieses System am Leben erhält? Müßten wir nicht alles tun, um Qualität und Kreativität in diesem Bereich zu fördern, statt Werbung zu verteufeln?

Vielleicht wird sogar die Werbung einmal der eigentliche Zukunftsmarkt. Computerindustrie und Informationsgesellschaft können zwar die sogenannten Marktlücken schaffen, doch ausfüllen können sie sie nicht. Das bedarf der Kreativität, der Gestaltung. Die Welt von morgen braucht vor allem neue Ideen. Zukunftsforschung und Trendforschung sind noch ziemlich unterentwickelt. Doch könnten sie nicht gemeinsam mit der Werbung zukünftige Märkte erschließen? Werbung würde dann freilich erneut mutieren zu einem neuen Begriff, der im Sinne einer Bedürfniskreativität zu verstehen wäre. Vielleicht ist Inline Skating ein Beispiel dafür. Dieses Trendprodukt wurde in Kalifornien gezielt als innovative Produktentwicklung kreiert – mit durchschlagendem Erfolg. Es entsprach dort so sehr dem Zeitgeist, daß es keinerlei Werbung bedurfte. Die allerdings brachte dem neuen Produkt innerhalb kurzer Zeit weltweite Verbreitung.

Die moderne Industriegesellschaft ist an einem Punkt angelangt, wo Marktausdehnung nur noch punktuell möglich ist. Die Produzenten müssen sich trotz umfangreicher Werbung zunehmend damit begnügen, ihre Marktanteile zu behaupten oder abzusichern. Das System braucht also von innen heraus neue Impulse.

Vorerst bleibt daher die Werbung ein unverzichtbares Instrument. Darüber gibt es kaum Streit, obwohl hier und da Werbung immer noch als notwendiges Übel angesehen wird. Würde man weitgehend auf Werbung verzichten, gäbe es die meisten Zeitungen und Zeitschriften nicht mehr, würden sich ganze Wirtschafts- und Industriezweige auflösen müssen, Radio- und Fernsehsender abschalten, Kinos schließen, bedeutende Sportveranstaltungen nur noch selten stattfinden, und vieles andere mehr gehörte mit einem Mal der Vergangenheit an. Von den allgemeinen Auswirkungen auf den Arbeitsmarkt einmal abgesehen. Werbung gehört somit zu unserem Leben wie all unsere nützlichen Geräte und Maschinen, wie das tägliche Brot. Einen Flaschenöffner mit der Aufschrift »Moravia Pils« vor Augen diskutierte ich diese Binsenweisheit vor Jahren mit einem Brecht-Schüler. Abgesehen vom Werbeaufdruck hatte das Teil nichts Außergewöhnliches an sich. Nur die Werbung machte es zu etwas Besonderem, zu einem Diskussionsgegenstand. Das ist das Geheimnis der Werbung: Sie macht aus den gewöhnlichen Dingen des Lebens besondere. Sie gibt ihnen ein besonderes Image, Verruchtheit und Glanz, der sie sogar unter Umständen in die Nähe von Mythos und Legende zu rücken vermag. Oder warum werden bei gleicher Qualität meist die Markenartikel bevorzugt?

Die Litfaßsäule unserer Tage ist eine gigantische Werbemaschine. Doch Litfaß wäre heute sicher nicht nur ein Medienmogul, dessen Maßstab sich auf Einschaltquoten und Dividenden beschränkt. Er hätte einen Ruf zu verteidigen. Als »König der Reklame« hätte er sich vielleicht längst etwas Neues einfallen lassen.

EINE BERLINER GRÜNDERZEITKARRIERE

Nach meinem erfolgreichen Kinobesuch und der Geschichte mit der roten Litfaßsäule hatte ich irgendwie das Gefühl, Litfaß etwas schuldig zu sein. Ich weiß, das klingt verrückt, aber diese plötzliche Affinität zu Litfaßsäulen mußte doch irgendeine Bedeutung haben. Warum nicht die, an eine früher stadtbekannte Persönlichkeit zu erinnern. Diese Erklärung überzeugte mich zwar nicht restlos, doch gab ich mich damit zunächst zufrieden. – Bis diese Träume anfingen, von denen im siebenten Kapitel noch die Rede sein wird. Litfaß im Gespräch mit Heiner Müller – wer hätte das nicht aufgeschrieben! Als geübter Hobbypsychologe mit Selbsterfahrung gehe ich vor allem seit dem Fall der Berliner Mauer sorgfältiger mit meinen Träumen um. Daß also nun Litfaß in meinen Träumen auf einen berühmten Dramatiker trifft, war schließlich Grund genug, mich auch mit seiner Person näher zu beschäftigen. Aber zunächst will ich diesen merkwürdigen Traum vom September 1989 nicht vorenthalten:

Ich befinde mich mit meinem Sohn Philipp in einem alten, relativ hohen Holzhaus, das nur aus einem einzigen Raum besteht. Von unten aus ist sogar das Dach sichtbar. Das Innere des Holzhauses gleicht dem einer großen leeren Scheune. Wir klettern an einer Wand hoch, um aus einem der ziemlich hoch angeordneten Fenster zu sehen. Da löst sich ein offenbar tragender Balken, Bretter verrutschen – das ganze Haus droht einzustürzen. Wir beide springen auf den Boden, um schnell ins Freie zu gelangen. »Nicht, daß uns das Haus noch erschlägt«, höre ich mich schreien.

Draußen ist Sturm. Der Wind schlägt mir heftig ins Gesicht. Das Haus hat sich etwas zur Seite geneigt, steht aber noch. Ich zeige auf die Elektroleitung, die zu einem ca. hundert Meter entfernt stehenden, massiv gebauten Steinhaus führt. Wir laufen dorthin, um den Nachbarn zu warnen. Der steht auf seiner Veranda und hört uns ungläubig zu. Ich zeige auf die Elektroleitung und rede von einem Kurzschluß, der durch den Einsturz unseres Hauses drohen könne. Der Mann winkt ab, als mäße er dem Ganzen nicht die geringste Bedeutung bei. Ich will wissen, ob er Seile und starke Balken zum Abstützen habe. Er winkt wiederum ab. In einem Schuppen finden wir alte Seile, und ich versuche, sie am Holzhaus zu befestigen. Dann fordere ich meinen Sohn auf, die Seile an dem nahestehenden Baum festzumachen, um das Schlimmste zu verhindern. Jemand ruft: »Der Wind wird stärker…!« Wir schauen zum Nachbarn hinüber, doch die Veranda ist leer. Aus einiger Entfernung beobachten wir das Haus, das gegen den Wind zu kämpfen scheint, unterstützt von den morschen Seilen…

Als zwei Monate später die Berliner Mauer fiel, erinnerte ich mich sofort an diesen Traum, den ich bis dahin vergessen hatte. Es ist schwer, die Zeit zu beurteilen, in der man selbst lebt. Das gilt umso mehr für Träume. Hätte ich damals meinen Traum als das gedeutet, was er prophezeite, nämlich den Fall der Berliner Mauer, mein Leben wäre von diesem Zeitpunkt an mit Sicherheit anders verlaufen als es verlaufen ist. Dieser aufregende, spekulative Gedanke ist es gewesen, der im Falle der Litfaßträume meine Sensibilität bis zum Äußersten trieb und ich mich mehr und mehr Litfaß näherte. Wenn sich also jetzt, sieben Jahre später, Litfaß und Heiner Müller begegnen und über Gott und die Welt plaudern und dabei recht merkwürdige Dinge tun, dann ist das zwar eine gänzlich andere Traumsituation und sicher nur meiner gedanklichen Beschäftigung mit der Figur Litfaß geschuldet, doch wollte ich dieses Mal auf keinen Fall untätig sein, beziehungsweise späteren Vorwürfen ob nicht beachteter Zeichen vorbeugen. Und überhaupt: Unsere Träume am Ende eines bedeutenden Jahrhunderts – wäre es nicht geradezu sträflich, sie nicht aufzuschreiben? Solche Überlegungen führten letztlich zu dem Entschluß, mein Litfaß-Thema so sorgfältig wie möglich zu behandeln. Aber dazu gehörte für mich natürlich zunächst die Geschichte meiner Hauptperson.

Die Litfaßsche Druckerei in der Adlerstraße 6 war im Berlin des 19. Jahrhunderts so etwas wie eine Institution. Im Bewußtsein etlicher Generationen stand der Name Litfaß für Bücher, Katechismen, Bilderfibeln, Theaterzettel, Plakate und in der zweiten Jahrhunderthälfte natürlich auch für die Anschlagsäulen. Zur Zeit der Befreiungskriege erschienen in der Adlerstraße die Extra-Blätter mit den Siegesmeldungen. Flugblätter druckte Litfaß in den Revolutionsjahren 1848/49, und das »Depeschen-Haus« wie die Berliner das Geschäft in der Adlerstraße nannten, brachte sämtliche Kriegsdepeschen während des deutsch-französichen Krieges 1870/71 heraus. Der Name Litfaß gehörte zu Berlin wie »die Vossische«, Berlins älteste und wohl bekannteste Zeitung.

Im Jahre 1795 gründet Litfaß' Vater, Ernst Joseph Gregorius Litfaß, die Buchdruckerei in der Adlerstraße. Etwa dort, wo über hundert Jahre später nach der Neubebauung das Stadthaus entstand. Die Litfaß'sche Druckerei ist alles in einem: Druckerei, Verlag und Buchhandlung. Innerhalb weniger Jahre wird daraus ein angesehenes Geschäft und eine feste Adresse für die Berliner. Es ist die Gründerzeit des modernen Buchgewerbes in Deutschland, in der sich berühmte Verlage etablieren, beispielsweise Hoffmann und Campe 1785, Brockhaus 1805, Bertelsmann 1815. Um 1805 werden noch kaum mehr als 4 000 Bücher gedruckt, so daß es auch für Litfaß zunächst ein Risikogeschäft ist. Johann Gottlob Breitkopf, der bedeutende Verleger in Leipzig, beurteilt die damalige Situation im Buchgewerbe so: »Wenn dann anerkannt worden, daß die Buchdruckerei, als Fabrike betrachtet, ebenso wichtig sei als eine andere Landesfabrike: so erklärt sich diese Wichtigkeit noch deutlicher, wenn der weitläuftige und ansehnliche Handel dabei in Erwägung kommt, welcher dieser Fabrike entstehet und der sich in so viele Äste zerteilt, als nur ein Handel sich zerteilen mag, welcher aus einer Art von Fabrike entstehet. Der Buchhandel wird daher ebenso wichtig, als ein Handel sein kann, welcher mit einem andern Fabriks-Produkte sich beschäftigt. Es ist aber noch ein anderer Umstand, welcher der Bücherfabrike vor andern Fabriken einen Vorzug gibt; dieser ist, daß die Fabrikate der mehresten Fabriken, nach Gebrauch von einigen Jahren, vernichtet und nicht weiter geachtet: hingegen für die wichtigsten und nützlichsten Fabrikate der Buchdruckerei Paläste erbaut und Hüter besoldet werden, solche für die Nachkommen zu erhalten; und wenn jene durch ihr Alter den größten Teil ihres Wertes verlieren: das Alter den Wert vieler Produkte der Buchdruckerei mit jedem Jahre vermehret...«

Diesem Selbstverständnis folgt man auch in der Adlerstraße und die Litfaß'sche Druckerei sieht bereits während der Befreiungskriege guten Zeiten entgegen. Da stirbt ihr Gründer in seinen besten Jahren, kurz nachdem der jüngste Sohn am 11. Februar 1816 geboren war. Die Mutter des acht Tage alten Ernst ist nun Witwe, die sich um ihre Kinder und um ein gutgehendes Geschäft kümmern muß. Für die kluge Frau gibt es in dieser Situation nur die Möglichkeit, sich wieder zu verheiraten, denn sie will das Werk ihres verstorbenen Mannes weiterführen. Ihre Wahl ist natürlich somit nicht zufällig. Mit Leopold Wilhelm Krause wählt sie nicht nur einen Verehrer, sondern auch einen Buchdrucker und Buchhändler, der geradezu prädestiniert ist für das Litfaß'sche Unternehmen. Und nicht nur das. Krause ist darüber hinaus initiativ und hat einen Blick für junge Talente, die in der Residenz auftauchen. In dem jungen Moritz Gottlieb Saphir findet er einen vielversprechenden Kompagnon, obwohl der sich in der Art eines überschwenglichen, boshaft-ironischen Jungliteraten nicht gerade als ernstzunehmender Geschäftspartner ausweist.

Beide gründen die »Berliner Schnellpost für Literatur, Theater und Geselligkeit«, das heißt, Krause gibt das Geld und Saphir übernimmt 1826 die Schriftleitung. Auch der »Berliner Theateralmanach« und der »Berliner Courier« entstehen auf seine Initiative hin. Vor allem seine Theaterkritiken und satirischen Feuilletons sind ob ihrer bissigen Ironie und ihres boshaften Witzes gefürchtet und sorgen für Aufsehen. Mit seiner genialischen Ausstrahlung zieht Saphir schnell andere Dichter und Literaten an und wird zum Mitbegründer der Berliner Schriftstellervereinigung »Tunnel über der Spree«, die bis 1898 existierte.

So treffen sich in der Adlerstraße die verschiedensten Zeitungsmacher, Dichter und Literaten, um bei Krause drucken zu lassen, neue Projekte zu besprechen oder die Berliner Gesellschaft aufs Korn zu nehmen. Eine gewisse Aufbruchsstimmung, die vor allem die kulturelle Szene in der Stadt erfaßt, sorgt für eine sehr aufgeschlossene Atmosphäre im Litfaßschen Unternehmen, welche Leopold Krause als sehr wohltuend und geschäftsfördernd empfindet. Wie in ganz Deutschland hat wahrer Bildungshunger natürlich auch das Berliner Bürgertum erfaßt, so daß seine gut eingeführte Druckerei alle Hände voll zu tun hat, die Nachfrage nach literarischen Erzeugnissen zu befriedigen. Im Trend liegen Glossen, humoristische Gedichte, leichte, unterhaltsame Lektüre jeglicher Art, aber auch Sachbücher sowie beruflich orientierte Literatur. Die Zahl der in ganz Deutschland erscheinenden jährlichen Neuerscheinungen steigt zwischen 1821 und 1843 von 4 500 auf das Dreifache.

Inmitten also von Buch- und Papierstapeln, Satzkästen, Handpressen, Druckplatten und Manuskriptblättern wächst der junge Litfaß heran. Auf dem Weg zur Druckerei, in den schmalen Gängen oder im Salon der Wohnung begegnet er Geschäftspartnern und literarischen Freunden seines Stiefvaters, als gehörten sie zur Familie. Das Drucken von Büchern und Plakaten ist für Litfaß allgegenwärtig. Oft sieht er den Setzern zu, die an ihren Pulten stehen und Zeile für Zeile, Seite für Seite einer Zeitung oder eines Buches für den Druck zusammensetzen. In der Bibliothek seines Stiefvaters findet er all die Resultate dieser Arbeit wieder. Auf Wunsch seiner Eltern geht er denn auch in die Buchdruckerlehre in der Schlesingerschen Buch- und Musikalienhandlung Unter den Linden. Obwohl er insgeheim lieber Schauspieler werden will.

Der junge Litfaß ist ein Kind seiner Zeit, der nachnapoleonischen Epoche, der »Restauration«, die jedoch einhergeht mit einer sich verbürgerlichenden Gesellschaft, der anlaufenden industriellen Revolution sowie mit der Ausprägung der sozialen Spannungen, welche schließlich in der Europäischen Revolution von 1848/49 gipfeln. Geistig ist es eine Zeit, die getragen wird von Romantik und Nationalismus. Jene Mischung, die prägend wird nicht nur für das 19. Jahrhundert.

Zunehmende Industrialisierung, das Anwachsen des Warenverkehrs, offenbaren gerade in Deutschland die Unzulänglichkeiten des Verkehrs und Nachrichtenwesens. Die staatliche Zersplitterung ist für derartige, zeitgemäße Entwicklungen wie in England und Frankreich hinderlich. Erst ab 1834, mit dem Deutschen Zollverein, wird die Grundlage für einen einheitlichen Wirtschaftsraum gelegt. Dennoch ist es vor allem für das Bürgertum eine spannende Zeit. Das Interesse für Historie, Zeitgeschichte, Wissenschaft und Utopien steigert sich zu einem wahren Bildungshunger. Auch Litfaß ist dem verfallen. Die Bibliothek seines Stiefvaters ist seine Universität. Doch noch stärker ist seine Liebe zur Schauspielerei, so daß er nach seiner Buchhändlerlehre gegen den Willen des Stiefvaters das Elternhaus verläßt, um Schauspieler zu werden. Zwei Jahre lang verdingt er sich auf verschiedenen Provinzbühnen und führt das Leben eines Bohemien. Erst der schlechte Gesundheitszustand seines Stiefvaters und das Militär rufen ihn nach Berlin zurück. Kurzerhand tritt er in das Unternehmen des Stiefvaters ein. Und er versucht vom ersten Tage an, eigene Pläne und Vorstellungen zu verwirklichen. Ohnehin ist in der Adlerstraße eine Art geistiges Vakuum entstanden, denn der Kreis um Saphir hatte sich längst mit dessen Weggang aus Berlin aufgelöst. Da beginnt Litfaß die Herausgabe des »Declamatoriums«, eine Sammlung ernster und heiterer Gedichte und Prosa. Die Texte sind nett und unterhaltsam geschrieben und finden in Berlin größere Verbreitung. Unter Pseudonym veröffentlicht Litfaß darin auch eigene literarische Texte. Der Gewinn daraus ist allerdings sehr bescheiden. Für Litfaß jedoch die erste Bestätigung dafür, daß die alte Druckerei so nicht überleben, geschweige zu größerer Bedeutung gelangen kann.

Zehn Jahre nach Bestehen des Deutschen Zollvereins, der Handelsfreiheit und wirtschaftliche Einigung brachte, boomt jetzt auch die Eisenbahn in Deutschland. Wirtschaftlicher Strukturwandel und soziale Umbrüche im Zollvereinsgebiet wirken sich zwar längst nicht so eklatant aus wie in England, doch die klugen Unternehmer entwickeln schon neue Strategien und beobachten sehr genau den neuen Markt. Keiner möchte im Freihandelsgebiet Verlierer sein. Umstellung auf neue Produkte und Modernisierung der Fabriken und Werkstätten ist die Devise. Auch für Litfaß, der nur mit der Mechanisierung der Buch- und Plakatproduktion eine Zukunft für die alte Druckerei sieht.

So kommt das Jahr 1845, in dem der nun 29jährige Ernst Litfaß die Buchdruckerei nebst Buchhandlung seines Stiefvaters zurückkauft. Aus dem Krause'schen Unternehmen wird wieder ein Litfaß'sches Unternehmen. Ein Jahr später stirbt Leopold Wilhelm Krause nach langer Krankheit. Das ist der Beginn der eigentlichen Litfaß'schen Erfolgsgeschichte.

Zunächst beginnt Lifaß damit, die Druckerei zu modernisieren. Neben die alten Holzpressen stellt er Schnellpressen, wie sie Friedrich König bereits 1810 in London zum Patent angemeldet hatte. 1814 ist die »Times« erstmals auf einer solchen Schnellpresse gedruckt worden. Im Gegensatz zu dem Gutenberg'schen Verfahren mit beweglichen Lettern wurden die Papierbögen mit mechanischen Lederwalzen auf die ebene

Ernst Theodor Amandus Litfaß (1816–1874), Buchdrucker, Verleger, Wohltäter und Erfinder der nach ihm benannten Anschlagsäule. Hier eine Abbildung um 1855, die ihn mit einer Skulptur Gutenbergs zeigt.
Foto: *Stadtmuseum Berlin, Christel Lehmann*

Druckform gepreßt. Mit dieser neuen Drucktechnik konnte der Druckvorgang ungemein beschleunigt werden. An eine Mechanisierung der Satztechnik war zu dieser Zeit allerdings noch nicht zu denken. Bekanntlich wurde der Maschinensatz erst 1884 erfunden. So stehen in der Litfaß'schen Druckerei die Setzer weiter an ihren Pulten, doch Litfaß läßt in einer eigens dafür eingerichteten Werkstatt neue, zeitgemäße Schriften gießen, zum Teil nach Vorlagen aus England und Frankreich, aber auch nach eigenen Entwürfen. Litfaß hat aber noch eine andere Neuerung im Auge: die Einführung des Buntfarbendrucks. In Paris, vor allem aber in London gibt es bereits die großformatigen farbigen Bildplakate, vor denen die Leute nur allzu gern stehenbleiben und sie wie wertvolle Gemälde betrachten. Ob es sich dabei um ein Reklameplakat für die neuste Hutmode handelt oder um die Ankündigung einer Zirkusveranstaltung ist einerlei. Sie erregen allemal Aufmersamkeit. In London existieren aber auch die modernsten Druckereien. So setzt er alles daran, in der Adlerstraße daran anzuschließen und zumindest für Berlin neue Wege zu gehen.

Bereits ein Jahr nach der Übernahme der Druckerei präsentiert Litfaß seine neuen Plakate in einer Ausstellung. Ein Riesenplakat von mehreren Metern Länge schließlich bringt den Durchbruch. Die Berliner sind begeistert. Straßenreklame wird von da an nicht mehr nur geprägt vom Image des Anschlagzettels. Die Litfaß'schen Plakate erobern förmlichst die Stadt. Wer es sich leisten kann, läßt bei Litfaß drucken. An manche Motive erinnert man sich noch nach Jahren, wie beispielsweise an die gigantische, markante Modefigur für das Verkaufsmagazin des Kleiderhändlers Landsberger.

Die Plakate bestechen durch geradezu künstlerisch gestaltete Schriftarten in Verbindung mit der eigentlichen Geschäftsreklame. Ob es sich um eine Vermißtenanzeige handelt oder um die Ankündigung einer Benefizveranstaltung oder die Eröffnung eines neuen Restaurants. Diese Konsequenz ist es, die das neue Anschlagwesen in Berlin befördert und Litfaß bereits eine gewisse Popularität verschafft.

Mit der Gründung des »Berliner Tages-Telegraph« will Litfaß wenige Jahre später auch das Zeitungsgeschäft in der Adlerstraße neu beleben, nachdem der »Berliner Krakehler«, eine politisch-humoristische Zeitschrift, gemeinsam mit C. D. Hoffmann für kurze Zeit herausgegeben, der Zensur nach der Märzrevolution zum Opfer gefallen war. Mit seinem genauen Gespür für Marktlücken setzt er jedoch nicht die Tradition der mehr literarisch-unterhaltsam orientierten, einstigen »Berliner Schnellpost« fort, sondern orientiert sich ganz am Berliner Zeitgeist. Und der ist vom Willen geprägt, als preußische Metropole auch Weltstadt werden zu wollen. Man vergleicht sich in manchem nur allzu gern mit Paris oder London, doch zu diesen eigentlichen Weltstädten zählt Berlin zu jener Zeit freilich noch nicht. Allein die Vision aber, diese Wunschvorstellung, ist der Nährboden für neue Geschäftsideen. Wenn die dann noch ob ihres praktischen Wertes wohlwollend angenommen werden, bleibt der Erfolg nicht aus. So verhält es sich mit dem »Berliner Tages-Telegraph«, eine sehr nützliche Hilfe sowohl für Berlinbesucher als auch für die Berliner selbst. Ähnlich wie zitty oder Tip heute, informiert er über Theatervorstellungen, Konzerte, Bälle und Vergnügungen jeglicher Art und nennt günstige Einkaufsmöglichkeiten sowie empfehlenswerte Restaurants. Er ist die erste Publikation, die die Theaterinszenierungen sämtlicher Berliner Bühnen in aller Ausführlichkeit bespricht. So beispielsweise vom Königlichen Hof-Theater oder vom Wallner-Theater, das zu dieser Zeit noch Königstädtisches Vaudeville-Theater heißt. Berlin ist 1851 bereits eine Theaterstadt mit insgesamt sieben Bühnen. Wahre Publikumsrenner sind Possen. Volksstücke, wie sie der Erfolgsautor und Mitbegründer des »Kladderadatsch«, David Kalisch, schreibt. Die »Mottenburger« beispielsweise ist eine solche Posse mit Musik, die in den sechziger Jahren einhundertdreiundzwanzigmal aufgeführt wird. Darin entlarven zwei cle-

Vorstädtisches Theater.

Dienstag, den 17. Februar 1863.

Eine Braut auf Lieferung.

Lustspiel in 4 Aufzügen, neu nach dem Italienischen des Federini, von F. Tietz.

Edward Strong, ein Engländer	Hr. Harprecht
Wild, Kaufmann	Hr. Wolf.
Madame Wild, seine Frau	Frau Hüftel.
Natalie, seine Tochter	Frl. von Hoxar.
Caroline, seine Nichte	Frl. Goßner.
Rasch	Hr. Pigar.
Gustav Rasch, dessen Neffe	Hr. Hartwich.
Sauer, Buchhalter bei Wild	Hr. Krause.
John, Strongs Diener	Hr. Panzer.
Diener bei Wild	Hr. Stein.

Das Stück spielt in einer deutschen Hafenstadt, im Hause des Kaufmanns Wild.

Vorher:

Hänschen von Buchenau.

Lustspiel in 1 Aufzug nach Bayard von W. Friedrich.

Der Baron	Hr. Nicolas.
Die Baronin	Frau Bachmann.
Agnes, ihre Enkelin	Frl. v. Hoxar.
von Fink	Hr. Harprecht.
Silberling	Hr. Hartwich.
Jakob, Diener des Barons	Hr. Panzer.

Scene: Buchenau, des Barons Landgut.

Nach der ersten Stück und nach dem zweiten Akt des zweiten Stücks Pausen von 15 Minuten, welche durch Concertpiecen ausgefüllt werden.

Sperrsitz 10 Sgr. Mittel- und Seitenloge 7½ Sgr. Erster Platz 5 Sgr.
Loge-Vorderreihe 5 Sgr. Tribüne 4 Sgr. Stehplatz 3 Sgr.

Anzeige:

Mittwoch, den 18. Februar. „Therese, oder: Die Waise aus Genf."

Kassenöffnung halb 6 Uhr. Anfang halb 7 Uhr.

Schnellpressendruck der Ernst Litfaß'schen Hofbuchdruckerei, Adlerstraße 6.

Der Druck von Theaterzetteln gehörte seit 1825 zum Standardrepertoire der Litfaß'schen Druckerei.
Foto: *Stadtmuseum Berlin, Christel Lehmann*

vere Berliner den korrupten Bürgermeister des kleinen Städtchens Mottenburg, in dem jeder nur seinen eigenen Vorteil sucht. Derartige Theaterkost kommt auf den staatlichen Bühnen ähnlich gut an wie auf den privat geführten, wie dem Wallner-Theater, so daß die abgedruckten Theaterzettel im »Berliner Tages-Telegraph« stets für Gesprächsstoff sorgen und bald nicht mehr wegzudenken sind. Litfaß hat so zwei Aspekte erfolgreich miteinander verknüpft: Einerseits besitzt er längst ohnehin das Abdrucksrecht für die Zettel einiger Theater – für das Königliche Hof-Theater bereits seit 1825 –, andererseits ist mit dem neuen Blatt und dessen Reklamewirkung auch für den Fremdenverkehr ein gewinnbringendes Geschäft zu machen. Litfaß wird zum Vater der heutigen Stadtmagazine. Die Frage nach dem »Wohin in Berlin?« ist für die Berliner wie für Besucher der Stadt allsdann untrennbar mit dem »Berliner Tages-Telegraph« verbunden.

Ein Unternehmen dauerhaft erfolgreich zu führen, erfordert natürlich mehr als ein gesundes Standbein. Diese Binsenweisheit ist Litfaß in seinem Vaterhaus mit in die Wiege gelegt worden. So bemüht er sich von Beginn an ebenso um die Herausgabe lukrativer, aber auch allgemein anerkannter Werke. Das gelingt ihm beispielsweise mit den letzten Bänden des legendären »Krünitz«, einer Enzyklopädie, die im 19. Jahrhundert *das* Nachschlagewerk schlechthin ist.

Johann Georg Krünitz hatte es in Anlehnung an Diderots Enzyklopädie 1773 begründet und ab dem fünften Band als eigenständiges Werk herausgebracht. Unter dem Einfluß des Göttinger Professors und »Erfinders der Technologie«, Johann Beckmann, schrieb Krünitz die ersten 72 Bände selbst. Beim Stichwort »Leiche« des 73. Bandes starb er an einem Schlaganfall im Dezember 1796. Eine gewiß makabere Tatsache, die jedoch keineswegs das Ende des Riesenwerkes bedeutete. Bereits 1775 hatte sich die preußische Regierung zum Protagonisten der Krünitzsche Enzyklopädie gemacht, worauf sich die Berliner Behörden ebenso wie die Kirche zu deren Anschaffung veranlaßt sahen. Auch später nach den Befreiungskriegen war das Werk noch durchaus im Sinne des preußischen Staaates, so daß die wechselnden Verleger großes Interesse an einer Weiterführung besaßen, würde doch das staatliche Wohlwollen stets für guten Absatz sorgen. C. O. Hoffmann, der zu Zeiten der Krause'schen Druckerei den »Berliner Figaro« mitherausgab und der zu Litfaß' Geschäftsfreunden zählte, war der letzte Verleger, bevor Litfaß den Abschluß besorgte. Mit dem 248sten Band verläßt im Jahre 1856 der letzte Band dieses Mammutwerks die Litfaßsche Druckerei. Der »Krünitz« beschreibt praktisch das gesamte Wissen seiner Zeit. Einer Zeit, die geprägt war vom Übergang zum Kapitalismus. Er ist gut illustriert und verständlich geschrieben und offenbart für uns heute sehr eindrucksvoll und detailliert die gesellschaftlichen und ökonomischen Bedingungen vor der Europäischen Revolution von 1848/49.

Vermutlich wurde Litfaß nicht zuletzt durch den »Krünitz« zu seinen Reisen in die wichtigsten westeuropäischen Metropolen annimiert, denn wie in kaum einer anderen Publikation dieser Zeit erregten ihn darin vor allem die wichtigen Trends beispielsweise aus England und Frankreich und beflügelten seine Phantasie für neue Projekte.

Assault, assault! – London ist für ihn ein Anschlag auf seine sämtlichen Sinne. Nicht nur ein geradezu unübersehbarer Plakatwirrwarr beherrscht die Straßenszene. Aus der Londoner City dringt auch ein ohrenbetäubender Lärm. Eine unglaubliche Hektik bestimmt das Treiben auf den Straßen, auf Plätzen und in den Geschäften. Als Litfaß London besucht, ist die Mechanisierung in vollem Gang. Die industrielle Revolution hat das Leben bereits derart verändert, daß ein Fremder den Eindruck gewinnt, in eine andere Welt geraten zu sein. Durch den technologischen Wandel in allen Industriezweigen, die Verwendung neuer Metalle und Energiequellen wie Gußeisen und Stahl, Kohle und Wasserdampf sowie das Aufkommen immer neuer Maschinen scheinen die

Menschen nach ganz anderen Regeln zu leben … Eng ist es auf den Straßen. Ständig sieht man sich von Passanten umgeben, als wollten sie einen bedrängen. Von einem Sandwichman angestoßen, flüchtet Litfaß in einen Park und genießt dessen Ruhe, um dann wieder in den ohrenbetäubenden Lärm der Straße einzutauchen. Völlig neue Laute dringen an sein Ohr: Ein Zischen, Schlagen, Quietschen und Schreien, wie es Vergleichbares in Berlin nicht gibt.

Da entdeckt Litfaß einen Reklamewagen. Beklebt mit allerlei Affichen, bewegt sich ein rechteckiger Kasten gezogen von einem Pferdefuhrwerk die Straße entlang. Über ein vernünftiges Anschlagwesen hat Litfaß des öfteren nachgedacht. Schon allein deshalb, weil er in der Ausweitung seiner Plakatproduktion die eigentliche Zukunft seines Unternehmens sieht.

Einen solchen Kasten aber kann er sich auf den Berliner Straßen nicht vorstellen. Interessanter erscheint ihm die achteckige Plakatsäule, die gerade in einer Toreinfahrt verschwindet, offenbar ebenfalls von einem Pferdefuhrwerk gezogen. Gerade will der Kutscher das Tor schließen, da hindert ihn Litfaß mit charmanter Geste daran. Er hat nur den Wunsch, die Plakatsäule näher zu untersuchen. Allein ihr Drehmechanismus erscheint ihm interessant, wodurch die ganze Säule um ihre eigene Achse gedreht werden kann. Litfaß bedankt sich für die kleine Vorführung, während der Kutscher den Fremden betrachtet, als komme dieser aus einer anderen Welt. Als sich Litfaß beim Verlassen des Hofes noch einmal umschaut, erscheint ihm das im Halbdunkel stehende Pferdefuhrwerk wie eine vergessene Zirkuskulisse.

London hat für Litfaß etwas Faszinierendes aber auch Unheimliches. Einerseits kann er sich dem pulsierenden, aufregenden Leben nicht entziehen, andererseits erscheinen ihm die metallenen Geräusche aus den vielen kleinen Werkstätten wie eine Art Bedrohung in akustischem Gewand. Sein Interesse gilt natürlich vorwiegend den Druckereien, in denen farbige und großflächige Plakate gedruckt werden. Um die Mitte des 19. Jahrhunderts standen in London die modernsten Druckmaschinen. Bereits 1814 hatte Friedrich Koenig zusammen mit seinem Freund Andreas Bauer die erste Druckmaschine der Welt gebaut. Daraufhin erwarb die Londoner »Times« ein Exemplar der Koenig-Schnellpresse, wodurch 1100 Drucke pro Stunde möglich geworden waren. »Die Times ist schon gedruckt – mit Dampf!« soll John Walter, der damalige Verleger der Londoner Tageszeitung, am Morgen des 29. November 1814 ausgerufen haben, nachdem die neue Maschine zum ersten Mal von einer Dampfmaschine angetrieben worden war. Solche Meldungen sind zwar lange her, doch für Litfaß gewannen sie erst richtige Bedeutung nach der Übernahme der väterlichen Druckerei. In London sieht er nun, welche enormen Möglichkeiten in den neuen Maschinen stekken und daß das alles hier längst Normalität ist. Wie andere deutsche Unternehmer vor ihm, ist auch er sofort infiziert vom »Insel-Bazillus«, den er nach Berlin mitnimmt und von dem er nie wieder loskommen sollte.

Ob ihn sein Freund, der Zirkusdirektor Jakob Renz, eines Abends erst zu einer Parisreise überreden mußte, erscheint unwahrscheinlich. Litfaß betrachtet Paris eher als kulturelles Muß und als Inspirationsquelle. Natürlich zieht es ihn auch in die Pariser Vergnügungsstätten, deren Reizen er sich kaum entziehen kann. Und er ist aufmerksamer Beobachter. Im »Berliner Tages-Telegraph« veröffentlicht er später unter der Überschrift »Universal-Rathgeber und Führer durch alle Denk- und Sehenswürdigkeiten von Paris« seine Eindrücke durch die Metropole der Kunst und des Genusses. Aber er ist natürlich auch als Geschäftsmann hier. Vor allem sind es die oft sehr kunstvoll gestalteten Plakate und Dekorationen, die ihn faszinieren. Sie scheinen genau die Leichtigkeit auszustrahlen, die man von diesem oder jenem Amüsement oder Angebot erwartet. Litfaß hat zunächst das Gefühl, Reklametafeln und ähnliches haben hier einen anderen Sinn als in Berlin, obwohl sie die gleiche Funktion besitzen. Bis er glaubt, dafür eine Erklärung gefunden zu haben: Die Reklame ist einfach besser, weil sie dem Pariser Lebensstil entspricht.

Auf den Champs Élysée, nicht weit vom Arc de Triomphe aber, macht er eine für sich recht folgenschwere Entdeckung. Vor ihm steht plötzlich eine von jenen Anschlagsäulen, die er schon in London auf dem Pferdefuhrwerk gesehen hatte, aber fest auf der Erde. – Ja, sie ist sogar gemauert, mit einem hübschen Dach darauf. Litfaß läuft einige Male um die Säule herum, betrachtet die kleinen Plakate und ist irgendwie enttäuscht. Wo sind hier Leichtigkeit und Glanz geblieben, wie er sie bereits allerorten in der Stadt bewundert hat? Die Säule ähnelt eher einem kleinen Häuschen mit Zwiebelkuppel, das zur Zierde der Straße aufgestellt worden ist. Die aufgeklebten Plakate scheinen kaum zu interessieren. Litfaß steht lange vor dieser Anschlagsäule. Auch von der gegenüberliegenden Seite des Boulevards schaut er immer wieder hinüber, als würde jeden Augenblick dort ein Wunder geschehen. Das Wunder geschieht später, als er nämlich längst wieder in seiner Druckerei in der Adlerstraße ist, um seinen Entschluß, für Berlin eine eigene Anschlagsäule zu kreieren, in die Tat umsetzt.

Daß die Anschlagsäulen im allgemeinen erst durch seine Ausführung berühmt werden, liegt an ihrer einfachen und dennoch sehr markanten Form. Sie läßt keinerlei Zweifel am eigentlichen Zweck der Säule aufkommen, und die Säule ist unübersehbar – man begegnet ihr täglich auf der Straße. Insofern ist sie der ideale Reklame- und Informationsträger.

Die später nach ihm benannten Litfaßsäulen machen ihn endgültig zur stadtbekannten Persönlichkeit, wobei ihm die unentgeltlichen Plakate der Preußischen Behörden stets Öffentlichkeit, die gewerbliche Reklame aller Art den Gewinn bringen. Seine ohnehin bis dahin bestandenen umfangreichen Geschäftsbeziehungen in Berlin dehnen sich auf ganz Deutschland aus, so daß daraufhin auch die überregionale Presse mit Würdigungen seiner Persönlichkeit reagiert. Der Name Litfaß wird zum Inbegriff für das öffentliche Anschlagwesen.

Nur kurze Zeit nach diesem unglaublichen Erfolg ist es eine weitere Idee, die ihm vor allem die Wertschätzung der Künstler einbringt. Er richtet eine Central-Kanzlei für Unterhaltungskünstler aller Genres ein, mit Ausnahme des dramatischen, für welches bereits das Theater-Geschäfts-Bureaux existiert. In der Art einer heutigen Künstleragentur vermittelt die Central-Kanzlei Engagements, hilft beim Abschluß von Verträgen, organisiert Aufführungs- und Veranstaltungsorte und vermittelt Reisen in ganz Europa. Nach drei Jahren allerdings muß Litfaß dieses Projekt aufgeben. Die Resonanz bei den Künstlern ist derart groß, daß das Büro den Anfragen und Aufträgen kaum mehr nachkommen kann. Zudem hat die Kapazität der Druckerei Ausmaße angenommen, die Litfaß‘ ganzes Engagement erfordern. Schweren Herzens gibt er die Central-Kanzlei auf, hat er doch damit auch ein Förderer gerade der Unterhaltungskünstler sein wollen.

Er widmet sich nun ganz dem Ausbau seines Unternehmens und der Qualitätssicherung, wie wir heute sagen würden. Das heißt, er perfektioniert seine Buch- und Plakatproduktion. Dazu gehört vor allem eine neue, zeitgemäße Schriftgestaltung. Nicht mehr übergroße Plakatlettern sollen die nötige Reklamewirkung bringen, sondern gefällige, gleichmäßge Schriftzüge und eine geschmackvolle Gesamtgestaltung. Litfaß verzichtet gänzlich auf die alten Holztypen und verwendet alsdann ausschließlich die modernsten Bleischriften. Im Grunde kreiert er eine neue Plakatkunst für die damalige Geschäftswelt und kultiviert so die mehr und mehr aufkommende »Allerweltsreklame«. Das Resultat ist dementstprechend: Seine Druckerei kann sich vor Aufträgen nicht retten. Die Plakatproduktion läuft auf Hochtouren. Er gibt Bücher, poetische Sammlungen und kunstvoll gestaltete Gedenkblätter heraus. Aber auch sehr praktische Formulare, ähnlich den heutigen Formblättern, für die verschiedensten Zwecke, die von den Geschäftsleuten dankbar angenommen werden, ist doch der Umgang mit Geschäftspartnern und Behörden oftmals mit Anfragen, Kontrakten, Anträgen oder ähnlichem verbunden.

Neben seinem großen Arbeitspensum versucht Litfaß jedoch immer wieder, auch Ideen und Pläne zu verwirklichen, die sein stets wacher Geist unaufhörlich zu produzieren scheint, und die er von Zeit zu Zeit wie aus einer geistigen Schublade nimmt, um sie dann in kürzester Zeit umzusetzen. Ein solches Beispiel ist die 1859 ins Leben gerufene »Theater-Zwischenakts-Zeitung«. Eine Idee, die vielleicht auf das »Schmalzstullentheater« von »Mutter Gräbert« zurückgeht. Unter dem offiziellen Namen »Vorstädtisches Theater« hatte Louis Gräbert 1849 vor dem Rosenthaler Tor diese Bühne eröffnet, die genau ins Berliner Volksmilieu paßte. Die Hauptattraktion schien allerdings stets Mutter Gräbert selbst zu sein, die sich um das leibliche Wohl ihrer Gäste mehr kümmerte als um ein anspruchsvolles Stück. In den Pausen zwischen den Akten bot sie Weiße und Schmalzstullen an. So zog sie oft mehr Publikum an als der Saal faßte. Diese Art von umsatzfördernder Maßnahme lebt schließlich bis heute fort. Die »Schmalzstullentempel« von heute haben nur andere Namen bekommen: beispielsweise Multiplexe. Mit dem Vorstadttheater ist Litfaß in besonderer Weise verbunden. Neben früheren gelegentlichen Auftritten wurde dort nach seiner Bearbeitung im Juli 1854 »Das Mädchen von Orleans« aufgeführt. Damit endete damals seine aktive Theaterarbeit.

Getränke und Stullen bzw. ein Imbiß sind natürlich für eine gutsituierte städtische Bühne undenkbar, obwohl wegen des Umbaus der Kulissen die Pausen zwischen den Akten durchaus Zeit dafür ließen. Als wieder einmal eine Pause im Königlichen Theater ungewöhnlich lange ausgedehnt werden mußte, lächzte das Publikum geradezu nach einer Ablenkung. Anstatt aber das Warten mit Smalltalk zu bekämpfen, dachte Litfaß an einen ganz anderen Zeitvertreib, an Zeitunglesen. So war die »Theater-Zwischenakts-Zeitung« geboren. Und weil sie nicht mehr als der ohnehin gängige Theaterzettel kosten sollte, überzeugte die Idee auch einige Theaterdirektoren.

So wird bereits ab Februar 1859 in fünf Berliner Theatern die neue Zeitung verkauft. Die Theaterbesucher sind begeistert, denn für den gleichen Preis enthält sie neben dem üblichen Theaterzettel eine Art unterhaltendes Feuilleton mit Kritiken sowie kulturellen und literarischen Beiträgen und ist vielleicht mit gutgemachten heutigen Theaterprogrammen vergleichbar. Später bietet Litfaß die »Theater-Zwischenakts-Zeitung« sogar zusammen mit dem »Berliner Tages-Telegraph« an. Ein äußerst lohnendes Geschäft, denn die Zahl der Bühnen steigt stetig und fast jeder neue Prinzipal übernimmt auch die gut eingeführten Gepflogenheiten seiner Konkurrenten.

Inzwischen hat das Auftragsvolumen der Litfaßschen Druckerei einen solchen Umfang angenommen, daß Erweiterungen und sogar ein Neubau dringend notwendig sind. Konsequent läßt Litfaß ein neues, modernes Druckereigebäude bauen und organisiert den technologischen Ablauf neu und läßt sogar einen Fahrstuhl installieren: Die untere Etage, sozusagen das Souterrain, dient als Lager für die Papiervorräte. Parterre befinden sich die Schnellpressen, welche von einer Dampfmaschine angetrieben werden; zwei davon sind speziell für die großen Plakatformate, eine für den Buntdruck vorgesehen. In der oberen Etage ist die Setzerei eingerichtet. Alle Arbeitsräume sind mit dem Büro bzw. dem Verkaufsraum durch Sprachröhren und pneumatische Telegraphen verbunden. Auf diese Weise ist eine schnellere Kommunikation zwischen den einzelnen Abteilungen möglich. Dennoch gleicht die tägliche Arbeit eher der einer Tageszeitungsredaktion. Denn sämtliche Theater und Konzert-Lokale Berlins lassen Tag für Tag bei Litfaß drucken. Außerdem liefert Litfaß für alle öffentlichen Veranstaltungen die entsprechenden Plakate. Abgesehen von diversen Bekanntmachungen der Polizei, Diebstahl- und Suchmeldungen. Bald reicht sogar die Kapazität seiner Anschlagsäulen nicht mehr aus, so daß er fünfzig weitere aufstellen läßt. Speziell für den Plakatbuntdruck richtet er schließlich 1869 eine Lithographische Anstalt ein, in der der erste Plakatmehrfarbdruck zum Gastspiel der »siamesischen Zwillinge« im Zirkus Renz ausgeführt wird.

Litfaß nun lediglich als cleveren Unternehmer zu sehen, der die Möglichkeiten seiner Zeit für sich erfolgreich nutzte, wäre zu einfach. Merkantiles Denken allein war niemals seine Haupttriebkraft. Bei all seinen Unternehmungen erwies er sich zu allererst als Mann der Tat. Leben bedeutete für ihn tun. Sein Credo: »Es sei im Buche meines Lebens nicht *ein* unbeschrieben Blatt!« Er war ein »Tatsachenmensch«, ein Vollblutunternehmer. Seine Ideen waren nicht allein rationalen Ursprungs, sondern wurden geboren aus Selbstdarstellung, Zeitgeist und Verantwortung. Und wie kann man sich besser darstellen, als durch die Befriedigung öffentlicher Bedürfnisse und damit durch öffentliche Anerkennung. Insofern trugt Litfaß auch Züge eines Politikers, Förderers und auch Wohltäters, wie noch zu zeigen sein wird. Er gehört zu den Berliner Persönlichkeiten des 19. Jahrhunderts, die heute allenfalls zu Workaholics oder Selfmademen mutiert sind, die es aber eigentlich nicht mehr gibt. Die einstigen Erfinderunternehmer gehören sowieso heute ob der enormen Spezialisierung und Arbeitsteilung der Vergangenheit an. Solche mit Visionen sind nahezu ausgestorben. Bisweilen aufkommende Sehnsucht nach ihnen ist nur hilflose Nostalgie. Dagegen wird aber durchaus ein anderer Ruf lauter: »Zivilisiert den Kapitalismus« heißt der Titel eines Buches von Marion Gräfin Dönhoff. Männer wie Litfaß, Siemens oder Borsig kannten bereits sehr genau die Kehrseite ihres wirtschaftlichen Systems und entwickelten daher instinktiv Überlebensstrategien beispielsweise in Form von betrieblichen Rentensystemen, oder sie leisteten wie Litfaß umfangreiche Wohltätigkeitsarbeit.

Litfaß läßt kaum eine Gelegenheit aus, neben seinem unglaublichen Arbeitspensum als »König der Reklame« mit Spenden für Kriegs- und Unglücksopfer, sowie mit

Seine Majestät der König

haben mittelst Allerhöchster Kabinets-Ordre vom 17. Juni 1863 dem Commissions-Rath Ernst Litfass das Prädikat eines Königlichen Hof-Buchdruckers zu verleihen geruht, und ist über diese Allerhöchste Verleihung gegenwärtiges Patent, unter Beidrückung des Königlichen Insiegels ausgefertigt worden.

So geschehen zu Berlin, den 25. Juni 1863.

Ministerium des Königlichen Hauses.
Im Auftrage Sr. Excellenz des Herrn Chefs.
v. Obstfelder.

Am 25. Juni 1863 wird Litfaß »mittels Allerhöchster Kabinets-Ordre« zum Königlichen Hof-Buchdrucker ernannt.

Benefizveranstaltungen Leiden mindern zu helfen bzw. wohltätige Hilfe zu leisten. Seine Haltung gibt daher natürlich Anlaß zur Vereinnahmung seiner Person. Im Zusammenhang mit den Einigungsbestrebungen und kriegerischen Auseinandersetzungen der 60er Jahre wird sie deshalb wohlwollend als patriotische Gesinnung verstanden. So hat sein erfolgreiches geschäftliches Wirken, verbunden mit seinem außergewöhnlichen Wohltätigkeitssinn längst königliche Aufmersamkeit gefunden. Im Jahre 1861 wird er zum Königlichen Commissions-Rath ernannt, zwei Jahre später zum Hofbuchdrucker seiner Majestät des Königs Wilhelm und 1867 zum Königlichen Geheimen Commissions-Rath. Vier Jahre später feiert er sein 25jähriges Geschäftsjubiläum in der Adlerstraße. Er ist im Zenit seines Lebens und bereits zu Lebzeiten Legende. Arbeitsintensität und Engagement indes scheinen bei ihm ungebrochen. Wenige Wochen nach seinem Fest begrüßt er, wie bereits 1866, die heimkehrenden deutschen Soldaten aus dem Deutsch-Französischen Krieg mit einem Willkommens-

Seine letzte Ruhestätte fand Litfaß auf dem berühmten Dorothenstädtischen Friedhof in der Berliner Chausseestraße.
Foto: *Hendrik Bäßler, Berlin*

gedicht auf allen seinen Litfaßsäulen. Doch es bleiben ihm nur noch wenige Jahre. Sein intensives Leben hat ihn fast unmerklich verschlissen. Während einer Kur in Wiesbaden stirbt Ernst Theodor Litfaß am 27. Dezember 1874 im Alter von nur 58 Jahren. Neben den Gräbern von Schinkel, Hegel, Fichte, Borsig, Schadow, Rauch, Hufeland, Cantian und anderen großen Berlinern wird er auf dem Dorotheenstädtischen Friedhof beigesetzt.

Als seine Erben hat Litfaß seine minderjährigen Enkelkinder eingesetzt, die auch später das Unternehmen weiterführen wollen. Allerdings endet am 1. Juli 1880 die Konzession für die Litfaßsäulen. Zu einem neuen Kontrakt mit den Berliner Behörden kommt es nicht. Statt dessen erwirbt die Firma »Nauck & Hartmann« sämtliche Litfaßsäulen, wofür sie der Stadt jährlich 55 000 Mark zu entrichten hat. So versinkt das Geschäft in der Adlerstraße langsam in die Bedeutungslosigkeit, bis es durch die Neubebauung völlig verschwindet.

DER WOHLTÄTER

Litfaß' geschäftlicher Erfolg und seine große Popularität waren von Beginn an ohne seine aufwendig inszenierten Veranstaltungen und seine Wohltätigkeitsarbeit nicht denkbar. Er schien insgeheim einem Prinzip zu folgen: Ich profitiere von öffentlichen Bedürfnissen, kann ein erfolgreiches Unternehmen aufbauen, also bin ich der Öffentlichkeit auch etwas schuldig. Geschäft und Gesellschaft betrachtet er unbewußt als Einheit. Wie anders sind seine enormen Zuwendungen für Hilfebedürftige zu erklären, die er oftmals spontan bereitzustellen anbot. Nicht etwa rechtschaffene Pflichterfüllung und mildtätige Hilfe im Dienste des Vaterlandes oder gar der wilhelminische Untertanengeist eines Diederich Heßling, der ja bereits die Doppelrolle Tyrann und Untertan innehat, sind seine Triebfedern, sondern einzig und allein das Leben selbst. Und zwar sein Leben, zu dem auch gigantisch inszenierte Feste gehören. Für den Schauspieler in ihm sind sie seine Bühne. Beifall und Anerkennung dafür bekommt er bis in die obersten Ränge. Natürlich mutet so manche seiner Aktionen an wie blinde Kaisertreue, beispielsweise das Anbringen von Kaiserbüsten auf einigen Anschlagsäulen. Doch gehörte diese Art von Öffentlichkeitsarbeit im Grunde auch nur zur Selbstdarstellung und zum Geschäft. Litfaß tat alles, was er machte, ganz und konsequent bis zu Ende. Als Patriot könnte man ihn natürlich bezeichnen, aber nicht als schreienden, sondern als handelnden, ohne Intoleranz und übersteigertem Nationalbewußtsein. Die Zeiten waren ohnehin nationalistisch gestimmt. Er war ein Unternehmer, der sein Geschäft liebte, die Menschen, das Leben. Die Aufbruchstimmung in der zweiten Hälfte des 19. Jahrhunderts, der Aufschwung von Handel und Gewerbe in der Gründerzeit wirkten bei ihm so stimulierend, daß er kaum Ruhe für sich selbst fand. Er muß für seine Zeitgenossen und besonders für seine vielen Geschäftsfreunde die Verkörperung von Willenskraft, Unrast und Lebensfreude gewesen sein. Und er liebte den Glanz - rauschende Feste, die er selbst großartig inszenierte.

Bereits nach Gründung des »Berliner Tages-Telegraphen« gibt er für seine Geschäftsfreunde die ersten Ballfeste, die er selbst »Telegraphen-Bälle« nennt. Für diese Karnevalsfeste läßt er von bekannten Komponisten Musikstücke und Tänze komponieren, die im Laufe der Jahre zu populären Gassenhauern werden. Die »Litfaß-Bälle«, wie die winterlichen Vergnügungen im Berliner Volksmund später heißen, entwickeln sich zu begehrten Stadtfesten.

Im Januar 1856 veranstaltet er sein wohl spektakulärstes Fest aus Anlaß der im Juli zuvor gefeierten Einweihung der ersten Anschlagsäulen. Diese Redoute, so der damalige Sprachgebrauch, gleicht einem Ereignis, das die Spenersche Zeitung folgendermaßen kommentiert: »Das Zusammentreffen zweier grossartiger Ballfeste an einem Abend, des Subscriptionsballes im Königlichen Opernhause und der Litfass'schen Redoute im Kroll'schen Local, hatte am vergangenen Sonnabend die elegante Welt unserer Residenz in eine geschäftige Aufregung versetzt. Dass diese gross gewesen sein muss, hat wohl der rege Geschäftsverkehr in den letzten Tagen der vergangenen Woche bewiesen, und wer nicht frühzeitig für seine Garderobe zu dieser Redoute gesorgt, konnte am Ballabende nur mit schweren Opfern dazu gelangen. Es waren buchstäblich sämmtliche Dominos und Charakteranzüge des grossen Berlins vergriffen. Der düstere Himmel des Tages schien sich dem Feste nicht günstig zu gestalten, und wer das Glück hatte, sich am Abend einer Droschke bemächtigen zu können, oder wohl gar im Besitz eines Wagens war, konnte beruhigt auf die Regen verheissenden Wolken blicken. Die Theilnahme des Publikums für die Litfass'sche Redoute war überaus gross, es waren 5 000 Einlasskarten ausgegeben worden und eben so viele Gesuche um Billets mussten, des Raumes wegen, zurückgewiesen werden. Die endlose Wagenreihe, welche sich die Linden entlang zum Brandenburger Thor hinaus bewegte, konnte einigermassen einen Begriff davon geben, wie es sich in den inneren Räumen des Lokals gestalten würde, – kurz, es war eine Redoute, wie wir sie seit Jahren nicht in Berlin erlebt haben, und welche in dem Gedächtniss der Theilnehmer lange Zeit fortleben wird.«

Natürlich gibt es nur den einen Ort, der derlei Aufsehen zu erregen imstande ist: »Krolls Local«, wie ihn die Zeitung nennt. Von einem gewöhnlichen Lokal kann allerdings nicht die Rede sein. Mit dem Namen Kroll verbindet sich Berliner Amüsement schlechthin. Und das seit 1844, als Joseph Kroll sein Etablissement auf dem ehemaligen Exerzierplatz am Spreebogen eröffnete. Mit Aufführungssälen, allen voran der pompöse Königssaal, zahlreichen Veranstaltungsräumen, Sommergarten und Parkanlage gleicht es eher einem Schloß, das fünftausend Gästen Platz bietet. Genau das richtige Ambiente für den Ball der Bälle des Jahres 1856. Natürlich spricht ganz Berlin davon – das ist ja auch der Sinn der Sache. Der zukünftige »König der Reklame« hat in »sein Schloß« geladen und alle sind gekommen: Geschäftspartner, Künstler, Freunde, politische Prominenz und Vertreter von öffentlichen Verbänden.

Zu diesem Zeitpunkt ist Litfaß allerdings längst bekannt, auch über die Grenzen Berlins hinaus. Sein Erfolg setzt sich aus drei Bausteinen zusammen: industrielles Wirken, Engagement für die Kunst und stete Wohltätigkeit. Diese Konstellation ist es, die den Namen Litfaß mehr und mehr auch ins öffentliche Interesse rückt. Und nicht zuletzt letzterem wegen genießt er bis in die höchsten Stellen Respekt und Anerkennung. Seine Spenden an die »Allgemeine Landesstiftung für Preussische Veteranen und Krieger als Nationaldank«

Litfaß war bekannt für seine großartig inszenierten Feste. Krolls Etablissement, in den Jahren 1843 bis 1844 nach einem Entwurf von Karl F. Langhans und Ludwig Persius erbaut, bot ihm dafür das ideale Ambiente.
Foto: *Landesbildstelle, Berlin*

bringen ihm deren Ehrenmitgliedschaft ein, angetragen vom Prinz-Regenten persönlich, dem späteren Kaiser Wilhelm I. Im gleichen Jahr veranstaltet er – wiederum im Krollschen Etablissement – ein »Preussisches Flaggenfest« für die Opfer eines Seegefechts. Was immer in der Residenz für Aufsehen sorgte – daran nimmt Litfaß als Helfender Anteil. Er organisiert Veranstaltungen, deren Erlöse den Witwen von Soldaten oder Hinterbliebenen von spektakulären Unglücksopfern zugute kommen. Er unterstützt Vereine, Komitees und Armenhäuser. Ungewöhnlich und einmalig ist sein Engagement gesellschaftlichen und öffentlichen Belangen gegenüber. Das erklärt auch seine allgemeine Popularität und Beliebtheit in Berlin. Die teilt er sich übrigens Ende der sechziger Jahre mit einer anderen »Gründerzeitgröße«: Bethel Henry Strousberg, dem »Eisenbahnkönig«. Auch Strousberg – wegen seiner zwielichtigen Geschäfte mit Eisenbahnaktien, spektakulären Auftritten und extravaganten Lebensweise freilich stets umstritten – sieht die Kehrseite des Geschäftslebens sehr genau, fördert Armenküchen und bekämpft Elendserscheinungen, die ihm nur zu gut aus England vertraut sind.

Litfaß reagiert indes weit emotionaler und spontaner. Als er im Sommer 1859 zur Kur im Königreich Sachsen weilt, zieht es ihn selbstverständlich nach Loschwitz, heute ein Vorort Dresdens, zum »Schillerhäuschen«, dem ehemaligen Gartenhaus auf Körners Weinberg, in dem Schiller zwischen 1785 und 1787 arbeitete. Für Litfaß ist Friedrich Schiller nicht nur *der* deutsche Nationaldichter, sondern auch sein Lieblingsdichter. Ein Besuch in Loschwitz also für ihn ein Muß. Vier Jahre zuvor hatte man eine Gedenktafel an dem kleinen Gartenhäuschen angebracht. Auf Schillers Spuren zu wandeln, nimmt Litfaß allerdings wörtlich, und er geht auch den Weg nach Blasewitz. Das heißt, er muß übersetzen, so wie es einst der große Dichter tat. Für Schiller war das Blasewitzer Wirtshaus eine unverzichtbare Weinquelle. Aus der Hand der Wirtstochter Justine Segedin genoß er dort etliche Schoppen, um dann unter der später nach ihm benannten »Schillerlinde« auszuruhen und seinen Gedanken freien Lauf zu lassen. Weil Schiller später die Wirtstochter im »Wallenstein« als »Gustel von Blasewitz« verewigte, wird die Geschichte freilich bis zum heutigen Tag als Romanze erzählt.

Als Litfaß die Linde sieht, überkommt ihn unbeschreibliche Ehrfurcht. Die Gewißheit, an gleicher Stelle wie einst der große Dichter zu sein, versetzt ihn in eine Art Trance. Litfaß wähnt sich in der Aura des Dichters und fühlt sich ihm so nah wie nie zuvor. Etwas Großartiges scheint von diesem Platz auszugehen. Schiller arbeitete in seiner Dresdner Zeit am »Don Carlos«, und der Boden der alten Linde in Blasewitz war für ihn mehr als nur eine Gelegenheit zum Ausruhen. Dort hatte er jenes Gefühl, das für jeden Dichter lebensnotwendig ist, weil es schließlich Inspiration schlechthin befördert. Der ehrwürdige Baum versetzt Litfaß in ein Glücksgefühl, das lange anhält. Als die Zeit des Aufbruchs kommt, hat er plötzlich das merkwürdige Gefühl, *seinem* Dichter etwas schuldig zu sein. Da sieht er die schiefe alte, halb verwitterte Blechtafel am Baum, die an Schillers Lieblingsplätzchen erinnern soll...die bringt ihn auf eine Idee. Mit einem besonders gestalteten Gedenkstein will er sich bedanken und diesem Platz die Würde geben, die dieser verdient. Da Litfaß nicht nur ein Mann der schnellen Entschlüsse ist, sondern auch die entsprechenden Taten stets nicht lange auf sich warten lassen, kommt es bereits im September zur feierlichen Einweihung des »Schillersteins« mit großem Konzert und anschließendem Feuerwerk. Der Gedenkstein ist ein Obelisk mit Reliefporträt Friedrich Schillers, eingefaßt in weißem Marmor. Litfaß hatte ihn unmittelbar nach seinem Spaziergang in Dresden beim Bilhauer Wolff in Auftrag gegeben. Unten trägt der Obelisk die Aufschrift: *Wanderer, hemme den Schritt! Du stehst auf geheiligtem Boden! Der hier gewandelt dereinst, ist ein Unsterblicher uns. Keiner als Schiller sang so mächtig zum Herzen des Volkes. Seelenentzückend und hehr leuchtet sein Geist durch die Welt.*

Für Schiller wäre Litfaß sicher der ideale Mäzen gewesen. Auch im Hause seines Freundes Körner konnte nämlich der Dichter nicht die wirtschaftliche Selbständigkeit erlangen, die er so sehr anstrebte. Zu Zeiten Schillers und des Kurfürsten Friedrich August III. war Dresden bereits nicht mehr die einst aufstrebende Stadt Augusts des Starken. Die Künstler hatten es schwer, und auch Schiller wurde schließlich nicht heimisch: »Die Cursachsen sind nicht die liebenswürdigsten von unsern Landsleuten...« – Nun, zweiundsechzig Jahre später, kommt ein Preuße und setzt ihm dort einen Gedenkstein. In einem Ort, wo die Leute andere Sorgen haben, als sich vor dem großen Dichter zu verbeugen. In Blasewitz spürt Litfaß wiederum sehr genau, daß seine Aktion auch etwas mit den unmittelbaren Bedürfnissen seiner Bewohner zu tun haben muß. Und die sind in dem verarmten Dorf offensichtlich. Zudem waren die Meldungen über eine zuvor ausgebrochene Feuersbrunst in

Teilen Sachsens noch in aller Munde. Deshalb ist es für Litfaß wiederum selbstverständlich, die Einweihung des »Schillersteins« anläßlich des 100. Geburtstages von Friedrich Schiller mit einem wohltätigen Zweck zu verbinden. Er gibt Eintrittskarten aus, deren Erlös den Opfern und Bedürftigen zugute kommen sollen. Da die Beteiligung an der Einweihungsfeier alle Erwartungen übertrifft – zwanzigtausend Menschen strömen zum Schillerfest –, ist der Erfolg überwältigend. Die sächsische Tagespresse ist des Lobes voll. Litfaß wird als preußischer Wohltäter gefeiert.

Unternehmer oder auch Politiker verhalten sich gewöhnlich sehr systemkonform, wollen sie Erfolg haben. Merkantiles Denken beziehungsweise Konsensdenken stehen dabei im Vordergrund. Moralische Skrupel, Rechtfertigungen ihrer früheren Handlungsweisen oder Versäumnisse werden in aller Regel erst nach Aufgabe der Profession oder nach Abgabe des Mandats in Memoiren öffentlich. Freilich wird damit jedoch eher ihr Ego befriedigt, indem die »Enthüllungen« einerseits eine Art Abrechnung mit alten Gegnern oder Widersachern sind und so vielleicht Rachegelüste befriedigen können. Andererseits soll eventuell eigene Schuld oder Mitwisserschaft kaschiert werden. Als moralische Vorbilder werden die wenigsten von der Öffentlichkeit akzeptiert. Litfaß war insofern eine Ausnahme, als er durch seine spontane und vor allem praktische Hilfe kaum Angriffspunkte bot. Seine Taten sprachen für sich und machten ihn zur integren Persönlichkeit. Wirkliche Gegner hatte er daher nicht, denn verbale Argumente vermochten dagegen kaum etwas auszurichten. Im Gegenteil. Eine preußenfeindliche Sachsenpartei, die anfangs gegen die Blasewitzer Aktion opponierte, läßt schließlich den Preußen Litfaß ebenso hochleben. Die einzige noch lebende Tochter Schillers, Frau von Gleichen-Russwurm, sendet Litfaß zum Dank einen Brief Schillers und eine Locke des Dichtergenies. So macht der »Schillerstein« Litfaß auch in Sachsen populär.

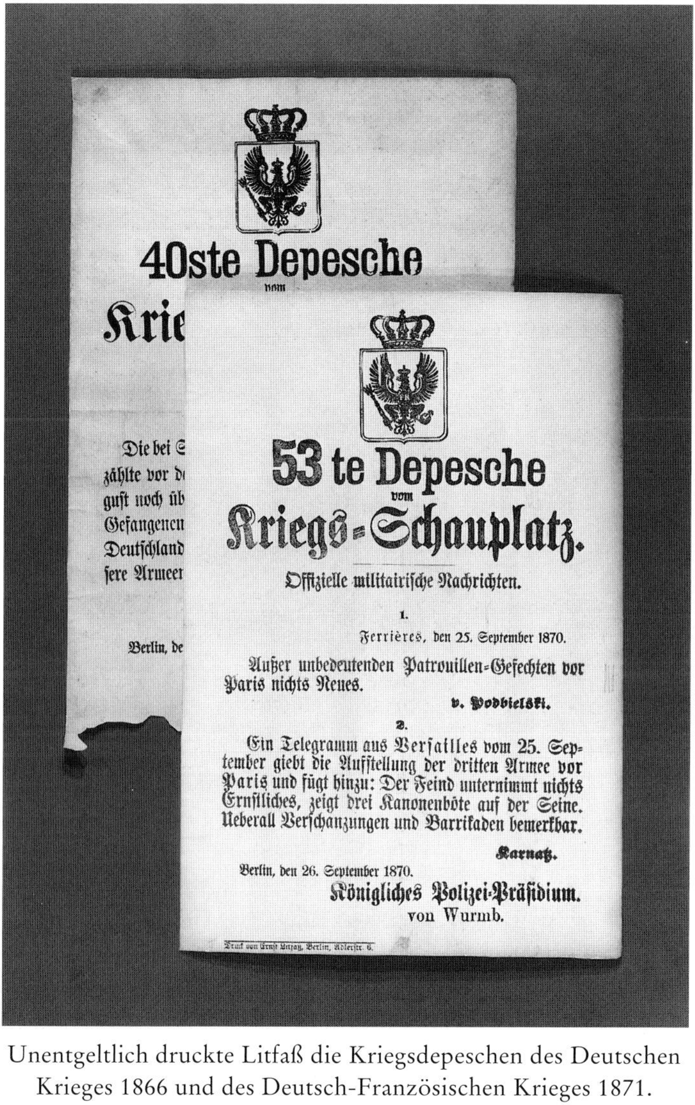

Unentgeltlich druckte Litfaß die Kriegsdepeschen des Deutschen Krieges 1866 und des Deutsch-Französischen Krieges 1871. Für einen ausgewählten Personenkreis – darunter war beispielsweise der Generalfeldmarschall Friedrich Graf von Wrangel – ließ er die Depeschen zu einem Buch binden.
Foto: *Stadtmuseum Berlin, Christel Lehmann*

Sechs Jahre später, im Krieg gegen Österreich, ist Litfaß ganz patriotischer Preuße. Während seine beiden Schwiegersöhne in der preußischen Armee dienen, druckt er auf eigene Rechnung die Kriegsdepeschen und organisiert als Mitglied des »König-Wilhelm-Vereins« Wohltätigkeitsfeste für die Soldaten und deren Angehörige. Je spektakulärer diese sind, desto einträglicher. Ein »Patriotisches Fest« in Treptow, zu dem fünfzigtausend Berliner kommen, bringt beispielsweise Einnahmen von 1500 Talern. Am Ende erleben die Zuschauer die tatsächliche Versenkung eines Kriegsschiffes, von Feuerwerkern eindrucksvoll in Szene gesetzt.

Nach der Schlacht von Königgrätz empfängt er die heimkehrenden Soldaten nicht nur mit einem Gedicht auf allen seinen Litfaßsäulen, sondern er richtet ein großartiges Fest im Friedrich-Wilhelmstädtischen Theater aus, dessen Erlös aus den Eintrittskarten der »National-Invaliden-Stiftung« zugute kommt.

Sein Geschäft in der Adlerstraße wird fast zum Wallfahrtsort, dessen Dekoration in zahlreichen Zeitungen ausführlich beschrieben wird: »Die kleine, abgelegene Adlerstraße erwies sich als zu eng für den Menschenstrom, welchen die Decoration des Litfaß'schen Hauses anlockte. Zwei wallende Banner waren vor dem Hause aufgepflanzt, deren Stangen mit 60 verschiedenen, auf Fähnchen gedruckten Sprüchen patriotischen Inhalts bedeckt waren. An dem unteren Theile der Front reihten sich in langer Linie die sämtlichen bei Litfaß gedruckten Kriegs- und Siegesdepeschen, in transparenter Schrift lesbar. Darüber des Königs und des Kronprinzen Bild, zwischen denen Fortuna ihr Füllhorn ausschüttet. Von Glasfiguren und Blumenguirlanden aber umringt, nahm die Hauptzierde des Gebäudes den ganzen mittleren Raum desselben ein: ein Gemälde, auf welchem man in Lebensgröße den König zu Pferde sah, wie er auf dem Schlachtfelde von Königgrätz dem siegreichen Sohne den Orden pour le mérite überreicht.« Das wiederholt sich in noch spektakulärer Weise wenige Jahre später nach dem deutsch-französischen Krieg 1870/71.

Die Ihr aus blut'gen Schlachten rückgekehrt,
Wo Ihr für Preussens Ehre treu gerungen,
Ihr, die mit Gottvertrau'n und Muth bewehrt,
Den übermüth'gen Gegner habt bezwungen,
Euch ruft das Preussenvolk im innigen Verein
Heut freudig zu: »Ihr sollt willkommen sein!«

Willkommen seid Ihr in der niedern Hütte,
So hoch willkommen als in dem Palast,
Ihr seid ja jetzt in Euer Brüder Mitte
Und jeder ist ein gern geseh'ner Gast;
Ihr habt der Feinde Uebermacht zerstreut,
Euch sei der Dank des Vaterland's geweiht!

Es kostete der Sieg viel Heldenleben,
Doch fielen sie für ein erhaben Ziel,
Es war ein Kampf für Preussens Vorwärtsstreben,
Den ihr gewannt im blut'gen Kriegesspiel:
Als echte Preussen-Helden zieht Ihr ein,
Unsterblich werden Eure Thaten sein«

Mit diesem Gedicht auf allen Litfaßsäulen empfing Litfaß die heimkehrenden Soldaten nach dem Sieg Preußens gegen Österreich 1866.

Heute hat derartiges Engagement einen schalen Beigeschmack, impliziert es sofort verpöntes Nationalbewußtsein und Hurra-Patriotismus. Litfaß dagegen verstand seine Hilfsaktionen ausschließlich in anteilnehmendem und helfendem Sinne. Insofern hatte er noch ein völlig unverkrampftes Verhältnis zur Nation und verband damit eher positive Erwartungen.

Aber auch weniger national gestimmte Anlässe sind mit dem Namen Litfaß verbunden. So hilft er bei Grubenunglücken, unterstützt diverse Einrichtungen für Notleidende, »Fröbel'sche Kindergärten«, das »Comité der aus Frankreich vertriebenen Deutschen«, Krankenhäuser, zahlreiche Vereine und andere mehr. Es verwun-

Hochgeehrter Herr!

Der König Wilhelm-Verein kann den Tag, an welchem Sie vor 25 Jahren Ihr umfangreiches, weltbekanntes Geschäft begründeten, nicht vorübergehen lassen, ohne Ihnen seine aufrichtigsten und herzlichsten Glückwünsche darzubringen.

Wenn wir zurückblicken auf den Beginn unserer Wirksamkeit, so finden wir vom ersten Tag derselben an bis auf den heutigen, Sie jederzeit bereit, durch Ihre schöpferischen Ideen, durch die energische Durchführung derselben, und durch Ihre nie ermüdende Wohlthätigkeit dem Verein in jeder Weise zu dienen und ihm stets neue Mittel zuzuwenden, und nicht nur wir, sondern Alle, denen durch Ihre Wohlthaten Hülfe zu Theil wurde, sind Ihnen zu unauslöschlichem Danke verpflichtet.

Möge die Vorsehung Ihnen auch fernerhin gnädig sein. Ihnen bis an das Ende Ihrer Tage Gesundheit des Geistes und Körpers erhalten und Sie die Früchte unausgesetzten Strebens und Schaffens noch recht lange geniessen lassen.

Berlin, den 16. Januar 1871

König Wilhelm-Verein.
General-Indendant der Königl. Schauspiele von Hülsen, Freiherr v. Arnim, Rittergutsbesitzer Berend, Commissionsrath Borchardt, Major v. Clausewitz, Geh. Rath A. Dohm, Banquier L. Eichborn, Geh. Rath Dr. Friedheim, Hoflieferant Gerson, Excellenz v. Lauer, Freiherr v. Lentz, Director Mühling, Hotelier Mühling, Stadtrath Noeldechen, Rentier Pinkert, Rentier Schultz-Leitershofen, Musik-Director Wieprecht, Commercienrath Wrede.

Glückwunsch-Adresse des König Wilhelm-Vereins zum 25jährigen Geschäftsjubiläum.

dert deshalb nicht, daß Litfaß an seinem 25jährigen Geschäftsjubiläum von vielen Seiten – bis hin zu Kaiser Wilhelm – Dank und Anerkennung zuteil wird.

Es ist kaum möglich, Litfaß aus tiefenpsychologischer Sicht bewerten zu wollen. Er gehört zu den Ausnahmepersönlichkeiten Berlins in der zweiten Hälfte des 19. Jahrhunderts. Genau wie August Borsig und Werner von Siemens, die ebenso wie er im September 1866 zu Mitgliedern der National-Invaliden-Stiftung berufen wurden. Zu unrecht hat sein Name heute weit weniger Klang als die Namen seiner berühmteren Zeitgenossen. Zwar waren gerade Borsig oder Siemens sozialem Engagement gegenüber aufgeschlossen, doch bezog sich das ausschließlich auf die Versorgung bzw. Absicherung ihrer eigenen Mitarbeiter. Litfaß nahm darüber hinaus als Unternehmer bereits gesellschaftsübergreifende Verantwortung wahr. Insofern war er nicht nur seiner Zeit weit voraus, er wäre sogar heute noch ein Pionier. Wie kein anderer hat er es verstanden, sein Geschäft nie isoliert zu sehen und stets mit den kulturellen und gesellschaftlichen Belangen seiner Zeit zu verbinden.

Die hart umkämpften Märkte lassen eine solch ausgeprägte Spendentätigkeit von Unternehmen nicht zu, entgegnete mir der Geschäftsführer einer mittelständischen Werbefirma. Litfaß sei auch damals eine Ausnahme gewesen; schließlich habe der moderne Staat ein soziales Netz geschaffen etc. – Litfaß also ein Fossil? Litfaß scheint wirklich überhaupt nicht ins Bild des rücksichtslosen, hart kalkulierenden Kapitalisten zu passen. Aber er gehörte ganz sicher zu denen, die den Kapitalismus kultivieren halfen und die hoffentlich niemals aussterben werden. Also nochmals: Lieber Litfaß, Danke!

LITFASS IM HIMMEL

Irgendwann also fing ich an, auch noch anderweitig über das Thema Litfaß zu reflektieren: in meinen Träumen. Anfangs erschien mir dieser Umstand ganz natürlich. Die eigenen Gedanken mit in den Schlaf zu nehmen, ist nichts Ungewöhnliches. Und anfangs waren es auch nur Bruchstücke, plötzlich auftauchende Bilder und Szenen aus meinen Literaturquellen und aus dem, was ich mir vorstellte. Doch zunehmend entwickelte sich eine gewisse Struktur, bekam auch alles einen Sinn, so daß ich schließlich morgens alle Mühe hatte, die Dialoge einigermaßen authentisch zu rekonstruieren. Nach etwa zwei Wochen war alles vorbei: kein Traum mehr, nichts. Irgendwie war ich auch erleichtert. Wie lange hält man es schon durch, mit zwei Existenzen umzugehen? Es gab sogar einmal die Situation, daß ich die Fortsetzung meiner himmlischen Geschichte kaum erwarten konnte, und darüber tagsüber einen wichtigen Termin versäumt habe. Nun ja, vorbei ist vorbei. Ich wertete schließlich die Träume als Ausdruck meiner intensiven Beschäftigung mit Litfaß. Sie gehörten nun zwangsläufig dazu.

Erster Traum

Litfaß betreibt im Himmel einen Zeitungskiosk mit Frühstücksbüfett. Er ordnet die Morgenzeitungen in fast peinlicher Weise in die Ständer, so daß stets die Titel sichtbar sind. Ein Hippie steht am hinteren Ecktisch und liest in einer Zeitung. Heiner Müller kommt.

MÜLLER zigarrerauchend: Kann ich einen Kaffee bekommen, möglichst stark?

LITFASS *läßt Kaffee in eine Tasse laufen*: Ich ahnte, daß sie irgendwann hier auftauchen. So geht es fast allen. Am Anfang will sich jeder hier oben am liebsten verstecken, möchte keinem begegnen, nicht einmal reden. Doch es kommt die Zeit der Langeweile. Und weil niemand zweimal sterben kann, ist er gezwungen, sich einzurichten. Viele sind schon bei mir gewesen.

Er bringt den Kaffee an Müllers Tisch.

MÜLLER: Entschuldigen Sie, ich weiß nicht, wovon Sie reden. Aber danke für die Tasse Kaffee.

LITFASS: Glauben Sie mir, ich weiß, worüber ich rede. Meine Jahre hier oben zähle ich schon lange nicht mehr. Sie dagegen sind ziemlich neu, doch ich kenne Sie natürlich, ich kenne alle berühmten Berliner. Stand ja in der Zeitung. Wortgewaltiger Dichter, oder so ähnlich.

HIPPIE *stark hustend und unwillig in der Zeitung blätternd:* Immer diese Erinnerungen. Der Rauch macht mich noch wahnsinnig. Erdendreck, Himmelsdreck – alles gleich.

Müller wendet sich mehr Litfaß zu, als hätten sie beide etwas zu besprechen.

MÜLLER: Sie haben sich offensichtlich recht gut eingerichtet, wie ich sehe. Sind Sie nicht Litfaß?

LITFASS: So ist es. Darf ich mich Ihnen vorstellen: Litfaß, Ernst Theodor Amandus, ehemaliger Druckereibesitzer und Erfinder der Litfaßsäule.

MÜLLER: Ich weiß, ich weiß. Das interessiert mich schon, obwohl ich vom Einrichten nicht viel halte. Konnte mich unten nicht gut einrichten, werde es hier oben wahrscheinlich genausowenig können.

LITFASS: Man lebt ruhiger, wenn man sich einrichtet. Und sehen Sie, ich habe mir sogar noch einen Traum erfüllt: Der erste Zeitungskiosk im Himmel trägt meinen Namen.

HIPPIE *zerknüllt seine Zeitung*: Alles Spießer, alles Dreck, auch der Himmel voller Dreck.

LITFASS *reagiert auf den Ausbruch des Hippies*: Zu früh gestorben an einer Überdosis.
Ich glaube, es war in den 60ern. Das hat er bis heute nicht verkraftet.
Wendet sich wieder Müller zu.

LITFASS: Am Geburtstag des Kaisers wurde sie eröffnet.

HIPPIE: Die Erinnerungen an den Erdendreck machen mich krank !

MÜLLER *zu Litfaß*: Entschuldigen Sie, ich verstehe nicht ganz...

LITFASS: Die Kaisergalerie! So hieß sie sozusagen von Amts wegen. Wir Berliner nannten sie einfach Passage. Ich war natürlich bei der Einweihung dabei, gewissermaßen geladen in vorderster Reihe.
Er kommt ins Schwärmen.
Ein herrlicher Bau. Promenieren und Einkaufen unter Glas – das hatten wir noch nicht in Berlin. Vom Kuppelraum gingen zwei Hallen ab. Die eine führte auf die Friedrichstraße Ecke Behrenstraße, die andere zu den Linden. Und die Presse überschlug sich damals: noble Ausstattung, feinste Auslagen, und über den Geschäften hatte man Festsäle eingerichtet. Als ich die Passage zum ersten Mal durchschritt, keimte sie schon in meinem Kopf, die Idee von einem Zeitungskiosk dort. Litfaßsäule und Zeitungskiosk – das wollte ich meinen Berlinern hinterlassen. Leider ist mein Traum vom ersten Zeitungskiosk in Berlin ein Jahr später in Wiesbaden geplatzt. Ausgerechnet zur Kur. Ich hatte nicht damit gerechnet.

MÜLLER: Wer rechnet schon mit dem Tod. Mit ihm kann man nicht verhandeln. Er ist unbestechlich. Einen Zeitungskiosk gab es aber irgendwann doch in den Achtzigern, wenn ich nicht irre?

LITFASS: Sie haben recht. Am 30. September 1886 wurde er in der Kaisergalerie aufgestellt. Ich habe es gelesen im Berliner Lokalanzeiger.
Kramt eine alte Zeitung hervor und reicht sie Müller.
Die habe ich mir aufgehoben.

MÜLLER *blättert darin herum*: Zu Goethes Zeiten stand Kiosk noch für Gartenhäuschen. Heute sind viele Treffs für Arbeitslose. Und denen ist die Bierflasche näher als die Zeitung.
Ich wollte sie aber nicht unterbrechen.

LITFASS: Die Berliner liebten zwar ihren Kaiser, aber offenbar die Kaisergalerie nicht. Das Berliner Leben war allgegenwärtig, nur dort nicht. Auch die erste Nachtbar vermochte es nicht zu ändern. Eine Attraktion soll das Panoptikum gewesen sein. Naja, mehr für die Touris, wie man heute sagt. Später las ich nichts Rühmliches mehr über die Passage. Der erste Zeitungskiosk führte ein ebensolches Schattendasein. Währenddessen war Berlin dabei, als Stadt zu explodieren. Es gab über 25 Tageszeitungen.
Er kramt eine andere alte Zeitung hervor und gibt sie Müller.
Hier: die Erstausgabe des Berliner Tageblatts von 1871. Was für eine Zeit damals !

MÜLLER *liest:* Auf dem Weg Berlins zur Weltstadt soll ihnen unser Blatt ein vertrauter Begleiter, ein Ratgeber und Mitstrebender sein, der, bald anfeuernd, bald warnend, bald bestimmend, bald opponierend den Plan ebnen hilft. Es muß das Bewußtsein uns beseelen: Für die zivilisierte Welt schreibt, wer für Berlin schreibt.
Wie berauscht hört Litfaß zu.

MÜLLER: Genau wie nach der Wiedervereinigung: Große Aufbruchstimmung, bevor der große Jammer kam. Und das deutsche Jammertal ist gewöhnlich lang.

LITFASS *als habe er nicht zugehört*: Wie sie alle hießen: Berliner Neueste Nachrichten, Berliner Volkszeitung, Neue Preussische, Der Reichsbote, Tägliche Rundschau und der Berliner Lokalanzeiger – den hätte ich gern gegründet. Kostete nichts und wurde nur über Anzeigen finanziert. Zu früh gestorben. Kein Zeitungskiosk, kein Lokalanzeiger.
Legt die Zeitungen wieder weg.

MÜLLER: Sie waren immerhin ein berühmter Mann. Allein die Litfaßsäulen…

LITFASS *unterbricht ihn:* Nett, daß gerade Sie das sagen. Geschäftlicher Erfolg in praktischen Dingen ist vielen Geistesmenschen suspekt. Hier oben sind freilich andere Fähigkeiten gefragt.

MÜLLER: Welche meinen Sie, Herr Litfaß?

LITFASS: Ich sagte es ja schon: Träume verwirklichen. Nichts ist schlimmer, als im Himmel arbeitslos zu sein. Das wäre die wirkliche Hölle. Meinen Zeitungskiosk kennen Sie jetzt. Er ist für mich so etwas wie die Fortsetzung der Litfaßsäulen-Idee. Ihre Träume würden mich auch interessieren.

MÜLLER: Eigentlich hatte ich mir längst abgewöhnt, Illusionen oder Träumen nachzujagen. Ich stellte am Schluß nur noch fest.

LITFASS: Trotz Aufbruchstimmung im wiedervereinten Deutschland ?

MÜLLER: Die Deutschen haben die Freiheit immer nur erlebt an einem Tag – am Tag der Beerdigung der Freiheit.

LITFASS: Wissen Sie was, so ähnlich habe ich Sie mir vorgestellt. Allerdings weiß ich alles nur aus meinen Zeitungen hier.

Zeigt auf die Zeitungsständer.

Etwas anderes kommt hier oben nicht an. Vor ein paar Jahren hatte ich einen Fernsehapparat für Sportveranstaltungen beantragt, doch die Oberste Himmelsbehörde lehnte den Antrag mit der Begründung ab, für die himmlische Ruhe seien Fernsehbilder und Filme störend und ordnungszersetzend. Sie verwies auf das Engelssingen und empfahl das Sonnentheater als Zeitvertreib. Ihre Witze, lieber Müller, wären mir lieber.

MÜLLER *zieht die Berliner Zeitung aus dem Ständer und blättert darin herum:*

Nach einem Witz ist mir gerade nicht zumute. Hier ist alles noch zu neu für mich, und die Reibung fehlt.

LITFASS: Sie brauchen gar nicht weiterzublättern. Es steht nichts mehr über Sie drin. Nur manchmal ein kleiner Verweis auf ihre Person. Versteckt im Feuilleton. Aus dem Leben, aus dem Sinn.

Müller blättert weiter und stößt dabei seinen Zigarrenrauch gegen die Zeitung, als wolle er etwas wegpusten. Der Rauch zieht in die Ecke, wo der Hippie steht.

HIPPIE *tritt aus der Rauchwolke zu Müller*: Sie sind ein großer Dichter gewesen, wie es scheint. Dann können Sie mir vielleicht sagen, ob ich in den vergangenen zwanzig Jahren da unten etwas verpaßt habe.

MÜLLER: Es kommt darauf an, ob Sie sie im Westen oder im Osten Deutschlands zugebracht hätten. Die Chancen, relativ unbeschadet zu überleben, waren vielleicht im Westen besser. Obwohl – offensichtlich gibt es Ausnahmen. Manche Hippies sind einer wichtigen Partei, deren Symbol eine Sonnenblume ist, beigetreten. Im übrigen soll es Hippies auf spanischen Inseln noch heute geben. Im Osten gab es eigentlich keine richtigen Hippies. Manche, die sich dafür hielten, sind später zu Ausreisenden, andere zu späteren Bürgerrechtlern mutiert. Genaues kann ich Ihnen nicht sagen. Es war nicht meine Altersgruppe und hat mich nicht sehr interessiert. Letztlich aber haben sich alle angepaßt – überall. Was sollten sie auch anderes tun.

HIPPIE: Sie haben meine Frage nicht beantwortet.

MÜLLER *zieht mehrmals an seiner Zigarre*: Ach ja, Sie wollten wissen … Das ist schwer zu sagen. Für mich war es schon interessant. Die Reibung mit meinen bornierten Ideologen konnte sehr produktiv sein. An ein Paradies habe ich sowieso nicht geglaubt. Ohne die DDR wäre aus mir nicht Heiner Müller geworden. Genau wie ohne Hitler Brecht nicht Brecht geworden wäre. Für Sie kann ich das überhaupt nicht beurteilen, leider. Wahrscheinlich sind nur die Songs aus den 60ern übriggeblieben. Wie das mit den Idealen geht, wissen sie ja vielleicht selbst am besten.

HIPPIE *geht weg:* Ich habe es geahnt. Alles Dreck.

Kommt noch einmal zurück.

HIPPIE*:* Haben Sie mal eine Zigarre für mich? Die Himmelsbehörde hat mein Budget gekürzt.

Müller gibt ihm eine Zigarre und geht wieder an seinen Tisch.

LITFASS: Verstehen Sie die jungen Leute? Für mich war jeder Tag auf der Erde ein Genuß.

Seit er hier ist – *zeigt in die Ecke* –, fragt er nur alle, ob er was verpaßt hat. Armes Schwein.

Hält jetzt die Berliner Zeitung in seinen Händen und blättert ebenso wie Müller zuvor darin: Haben Sie schon Pläne, Herr Müller, wenn ich fragen darf ?

MÜLLER: Kann ich nicht sagen. Muß erst heimisch, oder wohl besser himmlisch werden.

Unterdessen bewundert der Hippie seine Zigarre nach jedem Zug, als sei sie ein besonders schönes Schmuckstück. Bald sieht man die drei Gestalten im Rauch nur noch schemenhaft.

Zweiter Traum

Litfaß schaut durch ein Fernrohr, das am Fenster seines Kioskes steht. Müller steht am Tresen, eine Zigarre in der Hand.

LITFASS: Dreitausendzwei, dreitausenddrei, dreitausendvier…

MÜLLER: Darf ich fragen, was Sie da machen, Herr Litfaß?

LITFASS: Dürfen Sie, dürfen Sie, Herr Müller. *Er hantiert am Fernrohr, um es besser einzustellen.* Ich zähle meine Litfaßsäulen. Stellen sie sich vor, von einst hundertfünfzig – waren ja eigentlich nur hundert – auf über dreitausend – nach fast 150 Jahren. Ist das nicht großartig! Ob Sie es glauben oder nicht, ich kenne heute noch alle meine einstigen Säulen mit genauem Standort.

MÜLLER: Ihnen glaube ich das.

LITFASS *als habe ihn Müller aufgefordert, dies zu be-*

weisen: Eine stand selbstverständlich auf dem Molkenmarkt vor dem damaligen Polizeipräsidium, eine gegenüber dem Eosander-Portal auf dem Schloßplatz, oder die am Alten Rathaus, direkt an der Gerichtslaube. Am alten Friedrich-Wilhelm-Gymnasium in der Friedrichstraße stand eine, auf dem Spittelmarkt, am Roten Rathaus...

MÜLLER *ihn unterbrechend*: Ich glaube es Ihnen, lieber Litfaß!

LITFASS: Sie müssen schon entschuldigen, ich liebte meine Säulen. Jede war ein Stück von mir. Und heute: Reklame überlebt uns alle.

MÜLLER: Auch die Theater... *Bläst den Zigarrenrauch zu Litfaß.*

LITFASS *zunächst etwas verstört, weil er nichts mehr sieht, dann sich ganz Müller zuwendend*:
Ich verstehe Sie ja, Herr Müller, bin selbst ein Theaternarr. Aber glauben Sie mir, Werbung ist die Rettung, ein Segen für die Moderne.

MÜLLER: Darf ich mal? *Zeigt auf das Fernrohr.*

LITFASS *schmunzelnd:* Schneller, als ich zu hoffen wagte.

MÜLLER: Was meinen sie?

LITFASS: Ihre Neugierde aufs Irdische. Aber kommen Sie schon. *Macht eine einladende Geste.* Ist alles eingestellt. Sie müssen nur die Wunschbuchstaben eingeben. Was wollen Sie denn sehen?

MÜLLER: Das BE.

LITFASS *tippt auf eine Tastatur am Fernrohr und wartet:* Daß Sie sich für ihr Theater interessieren, konnte ich mir denken.

MÜLLER: Was haben Sie da gemacht?

LITFASS: Ich habe die Buchstabenfolge EBTBEV eingetippt: E für Erde, B für Berlin, T für Theater, BE für Name des Theaters und V für Vorderansicht. Genauer geht es nicht. Ich bin leider nicht im Besitz des neusten Modells. Gleich können Sie sehen. *Winkt Müller noch näher heran, der sogleich ins Fernrohr schaut.*

MÜLLER: Tatsächlich, ich kann es sehen! Nur etwas unscharf, die Schrift ist nicht lesbar.

LITFASS: Welche Schrift? Lassen Sie mich mal. *Schiebt Müller beiseite und schaut selbst hindurch.* Das haben wir gleich. *Dreht vorsichtig an einem kleinen Rädchen:* Jetzt, sehen Sie selbst. *Läßt Müller wieder ran.*

MÜLLER *liest laut:* Eva – Hitlers Geliebte.

LITFASS *schaut ebenfalls durch*: Sie haben etwas übersehen. *Buchstabiert fast:* E-v-a-B-r-a-u-n i-s-b-a-ck-i-n-t-ow-n. Da haben sie's: Werbung nach alter Manier, wegen des Reims sogar in Englisch. Bei einem solchen Thema.

MÜLLER: Hitlers Geliebte soll die Leute neugierig machen. Ist das nur schlimm oder schon die Umkehrung von Brecht? Meine Nachfolger reduzieren Theater auf hysterische und pathologische Bilder oder machen Trash-Theater. Das ist, lieber Litfaß, nicht mehr Theater im klassischen Sinne, es ist Abfalltheater, Klamauktheater oder bestenfalls Bildtheater. Wie im Kino. Die Fortsetzung von Kino im Theater, nur mit leibhaftigen Schauspielern. Wird eigentlich im Theater schon Popcorn verkauft?

LITFASS: Seien Sie doch nicht so streng mit ihren Adepten. Sie versuchen nur, ihre Maschine weiterzubedienen.

MÜLLER: Sie sollten eine neue Maschine erfinden. Jeder muß seine eigene Maschine bauen. Helene Weigel hatte schon gesagt, als Brecht tot war, hätte man das Theater eigentlich schließen müssen.

LITFASS: Sie haben es aber ihren Schülern vorgemacht, wenn ich das richtig gelesen habe. Klassiker zerstükkeln, mit viel Blut, grölender Musik, Ekel, als könnten die Regisseure nicht mehr denken, sich nur noch in schockierenden Bildern verwirklichen – ihr Rezept.

MÜLLER: Vielleicht war das ein Fehler. Aber ich wollte immer beides, Bild und Sprache. Hätte ich nicht die Bilder mitbedient, wäre kein Mensch mehr ins Theater gegangen. Jetzt scheint nur noch Unsinn herauszukommen. Die armen Schauspieler. Jetzt hängt es nur noch von ihren Grimassen und Obszönitäten ab, ob das Publikum zufrieden ist. Aber irgendwann ist auch das vorbei. Computer werden dann eindrucksvollere Bilder inszenieren können.

LITFASS: Oder es wird neues Theater geboren. Die Zeit ist vielleicht gerade günstig.

MÜLLER: Sie sind ein unverbesserlicher Optimist, lieber Litfaß. Doch ich glaube, dort unten bricht bald eine ganz neue Zeit an. Sie braucht kein klassisches Theater mehr. Die alten Mythen haben im 20. Jahrhundert endgültig in die Sackgasse geführt. Das Theater ist zur Hure geworden. Es muß neu erfunden werden. *Muß sich seine Zigarre neu anzünden.* Es gibt aber noch etwas viel Schlimmeres.

LITFASS: Malen Sie jetzt nicht den Teufel an die Wand.

MÜLLER: Ich glaube, meine Probleme habe ich mit in den Himmel genommen. Etwas Schlimmeres kann man sich nicht vorstellen.

LITFASS: Der Himmel könnte auch frischen Wind gebrauchen... *Schaut erneut durch das Fernrohr und entdeckt nach einer Weile offenbar etwas äußerst Interessantes...* Man wird doch immer wieder überrascht. Da bedankt sich jemand bei mir. Ist das nicht rührend? *Lieber Litfaß, danke!* steht auf einer meiner Säulen im Stadtbezirk Prenzlauer Berg. Wie finden sie das, Herr Müller?

MÜLLER: Sehr ungewöhnlich. Könnte mit einer interessanten Geschichte verbunden sein.

LITFASS: Was würde ich dafür geben! *Zu Müller gewandt* Wollen Sie noch etwas Anderes sehen?

MÜLLER: Nein, danke. Vielleicht später. *Er steht jetzt unschlüssig am Tresen, als könne er sich nicht entscheiden, ob er noch bleiben oder gehen solle, dann leise:* Haben Sie Brecht mal gesehen, Herr Litfaß?

LITFASS *das Fernrohr wegdrehend:* Nur ein einziges Mal. Nicht hier – im Sonnentheater. Viele haben nach ihm gefragt. Das letzte, was ich hörte, die Oberste Himmelsbehörde hätte sich für ihn interessiert. Das ist aber schon viele Jahre her. Jemand hier oben zu finden, ist ansonsten rein zufällig. So wie bei uns beiden.

Müller zündet sich eine neue Zigarre an. Die Rauchschwaden ziehen zum Fenster hinaus, wo das Fernrohr steht.

LITFASS: Sie rauchen viel. Hat das auch mit Brecht zu tun?

MÜLLER: Sicher. Zwangsläufig.

LITFASS: Könnten Sie das genauer erklären, ich selbst war Genüssen dieser Art auch nicht abgeneigt?

MÜLLER: Ich fing mit Zigaretten an. Als ich mich mehr und mehr als Dichter verstand – natürlich stets Brecht vor Augen – kam der Sprung zur Zigarre irgendwann. Eigentlich habe ich die Dinger gar nicht vertragen, doch es gab dann kein zurück mehr. Die Nähe zu Brecht erforderte das – bis zum bitteren Ende. Brecht hat die Zigarren wegen seiner Herzschwäche eigentlich auch nie vertragen. Goethe dagegen haßte Rauchen. Sicher nahm er andere Drogen.

LITFASS: Schiller liebte den Dunst, aber er starb früh. *Stellt sich auf wie ein Schauspieler und deklamiert:* Dumm ist mein Kopf und schwer wie Blei, / Die Tobaksdose ledig, / Mein Magen leer – der Himmel sei / dem Trauerspiele gnädig.

MÜLLER: Ohne Tabak wäre er vielleicht noch früher gestorben.

LITFASS: Zu meiner Zeit gab es in Preußen eine Verordnung, nach der ein Raucher auf der Straße an seiner Zigarre einen kleinen Drahtkorb zu befestigen hatte, um die heiße Asche aufzufangen. Als noch stinkendes Abwasser durch die Straßen floß, nahm sich ein besonders einfallsreicher Beamter der Zigarrenasche an. Sicher ein Zigarrenhasser. Was meinen Sie, lieber Müller, wieviele Gesetze wurden auf der Erde aus Haß verfaßt?

MÜLLER: Zigarren haben Symbolcharakter. Für die einen sind solche Symbole suspekt, für andere Identifikation.

LITFASS: Und Sie identifizierten sich mit Brecht.

MÜLLER: ... und seinen Zigarren. Eine Zigarre macht die Vergänglichkeit am deutlichsten. Sie ist wie ein Jahrhundert: Es hinterläßt Asche, viel Rauch und Genuß.

LITFASS: Genuß macht süchtig.

MÜLLER: Wem sagen Sie das.

LITFASS: Wer nicht genießt, lebt aber länger.

MÜLLER: Wozu?

Litfaß geht wieder zum Fernrohr, während Müller am Tresen bleibt und vorsichhinraucht.

Dritter Traum

Litfaß und Müller auf einer Bank im Sonnentheater. Sphärische Musik. Die Schauspieler in weißen Gewändern.

MÜLLER *zeigt auf einen Schauspieler*: Den da kenne ich. Der mußte schon früher überall spielen. Die gleichen langweiligen Gesten – grauenvoll. Ich verstehe allerdings kein Wort.

LITFASS: Entschuldigen Sie – das vergaß ich zu erwähnen. Man konnte sich nicht auf eine Sprache einigen. Deshalb wurde für alle öffentlichen Anlässe die einheitliche Himmelssprache erfunden. Sie sollten sie schnellstens lernen, falls sie wieder Stücke zur Aufführung bringen wollen.

MÜLLER: Vorerst nicht, lieber Litfaß, aber ich arbeite daran. Sie wissen ja selbst am besten – man kommt nicht davon los. Obwohl mich Theater meistens langweilt. Nur Schreiben für das Theater ist etwas anderes. *Zeigt auf die Bühne.* Wer ist dieser Dicke dort?

LITFASS: Der Lokomotivenkönig Borsig. Es ist ein neues Stück über erfolgreiche Unternehmer des 19. Jahrhunderts, die der Volksmund zu Königen erhoben hat. »Strousberg, der Eisenbahnkönig«, hatte im vergangenen Monat Premiere. Es wird noch folgen der »König der Reklame« und...

MÜLLER *ihn unterbrechend*: Das sind Sie!

LITFASS: In aller Bescheidenheit, ja. Aber es geht um die Träume. Wir gehören zu den Glücklichen, die die meisten ihrer Träume im Leben verwirklicht haben. Vielen Menschen wird diese Möglichkeit erst im Himmel gegeben. Das Sonnentheater könnte sie dazu anregen.

MÜLLER: Und wenn nicht?

LITFASS: Bleibt ihnen nur die Erinnerung ans Irdische, die manchmal unerträglich ist. Es gibt aber auch Drogen-Kontingente der Himmelsbehörde für besonders schwierige Fälle.

MÜLLER: Für diejenigen, die keine Träume verwirklichen können, weil sie keine haben?

LITFASS: Vielleicht.

MÜLLER: Der Himmel als moralische Anstalt oder als Sozialhilfestation. Und die alten Mythen als kulturelle Krücke. Wie auf der Erde... und wie langweilig. Filme haben den Mythos von der Vergangenheit mitgeschaffen, obwohl wir längst wissen, daß es nicht so war. Den Sturm auf das Winterpalais gibt es nur im Film von Eisenstein.

LITFASS: Nehmen Sie den Leuten auch noch Ihre Mythen, würde für viele das Leben noch trostloser. Bilder im Kopf sind lebenswichtig. Ich weiß, wovon ich rede. Den Leuten früher gefielen meine Feste deshalb besonders, weil sie gut inszeniert waren. Wenn Sie die Bilder verteufeln, schaffen Sie das Gegenteil: Frust.

MÜLLER: Ich bin Dramatiker, kein Seelentröster. Früher wollte ich Frauenarzt werden. Das Unmögliche zu wollen und dabei genau zu wissen, daß es nicht funktionieren kann, erschien mir dann als praktikablerer Lebensansatz. Den Himmel habe ich mir allenfalls als Paradies vorgestellt. Obschon der Satz von Sokrates »Niemand kennt den Tod, und niemand weiß, ob er für den Menschen nicht das allergrößte Glück ist« auch seinen Reiz hat.

LITFASS: Ich glaube, lieber Herr Müller, sie sind dazu prädestiniert, hier oben alles durcheinanderzubringen.

Doch ich muß sie warnen. Die Ordnung der Welt zu stören, ist schon schwer genug, aber die des Himmels unmöglich. Sie wären mit Sicherheit der Verlierer. Sehen sie Borsig. *Zeigt auf die Bühne.* Er hat auf der Erde mehr verändert als Shakespeare. Dichter schaffen nichts wirklich. Die Eisenbahnen dagegen beeinflußten eine ganze Epoche...

MÜLLER: Ohne die Künstler ist alles langweilig.

LITFASS: Seit dreihundert Jahren hat die Menschheit Wissenschaft und Technik entwickelt, ohne die sie heute nicht mehr leben könnte...

MÜLLER: ...die aber auch Kunst und Kultur immer mehr verdrängen. Beides scheint unmöglich – ein Perpetuum mobile.

LITFASS: Das Unmögliche zu wollen, auch wenn man es niemals erreicht – ist das nicht der kulturelle Motor? Die Wissenschaftler haben das Perpetuum mobile geschaffen, weil sie die Grenzen der Wissenschaft damit vertuschen wollten. Für die Kunst gelten derlei Grenzen nicht. Mit solchen Kunstverdrängungstheorien wollen sich die Künstler doch nur selbst schützen und vielleicht auch ihre kreative Armseligkeit überdecken.

MÜLLER: Das gilt offenbar auch für den Himmel, oder?

LITFASS: Es liegt viel an den Autoren...

MÜLLER: ...und an der Himmelsbehörde? – Entschuldigen Sie, lieber Litfaß, ein Scherz. Lassen Sie uns besser gehen.

LITFASS: Erst müssen Sie mir noch einen ihrer Witze erzählen.

MÜLLER *grinsend*: Meinen Lieblingswitz? *Litfaß nickt.* Ein Mann wankt nach durchzechter Nacht ins Bad und sieht sein Spiegelbild. Daraufhin dreht er sich um und sagt:«Kenn ich nicht, wasch ich nicht.«

LITFASS: Ich nahm an, ich wüßte einiges über Dramatiker. Sie, lieber Müller, sprengen offenbar den Rahmen. *Lacht laut, bevor beide gehen.*

Beamte der Himmelsbehörde machen sich an Müllers Theatermaschine zu schaffen. Müller selbst in Handschellen daneben. Litfaß kommt hinzu.

LITFASS: Was ist denn hier los?
MÜLLER: Nur ein Mißverständnis.
BEAMTER: Das muß sich erst noch herausstellen.
LITFASS: Ich verstehe nicht?
MÜLLER: Es gebe Anzeichen, daß es sich um mehr als eine künslerische Äußerung handele, nämlich um die Infragestellung der himmlischen Ordnung, steht hier. *Er reicht Litfaß einen Zettel.*
LITFASS *lesend und dann an einen Beamten gerichtet*: Das kann ich aufklären…
BEAMTER: Arbeiten sie etwa zusammen?
LITFASS: Nein, um Gottes Willen, hören Sie. Es handelt sich sicher nicht um eine verbotene Maschine. Der Herr ist ein berühmter Dramatiker.
BEAMTER: War ein berühmter Dramatiker. Vielleicht hat er den Beruf gewechselt und will jetzt erfinden.
MÜLLER: Und wenn schon.
LITFASS *Müller beiseite nehmend*: Reden Sie sich nicht um Kopf und Kragen. Alles im Himmel ist erlaubt, nur nicht Maschinen. Jeder Versuch, eine solche zu bauen, wird im Keim erstickt. Es ist erlaubt zu denken und zu träumen, aber nicht, etwas Gestalt werden zu lassen, etwa in Form einer Maschine. Das wäre im Himmel ein Sakrileg, die himmlische Ordnung gefährdend. Man würde ja etwas Neues schaffen können und hätte Anspruch auf ein Leben auf der Erde. Der Himmel würde sich so selbst infrage stellen. Deshalb gibt es § 1 des Himmelskonzils, der grundsätzlich den Bau von Maschinen untersagt.
MÜLLER: Borsig hat auch Maschinen gebaut. Wieso wird also ein solches himmelszersetzende Stück im Sonnentheater gespielt?

LITFASS: Weil es nicht wirklich gefährlich ist. Was sollen auch Lokomotiven im Himmel. Ihre Maschine dagegen war bisher hier nicht bekannt und deshalb verdient sie besondere Aufmerksamkeit.

MÜLLER: Es ist nur eine Theatermaschine. Sie enthält meine ganz persönlichen gedanklichen Bilder.

BEAMTER *zu Müller:* Welche Funktion hat der Hebel hier?

MÜLLER: Ein Zufallsgenerator. Er setzt plötzlich Bilder zusammen, die eigentlich nicht zusammengehören.

BEAMTER: Zu welchem Zweck?

MÜLLER: So kann nur ein Beamter fragen.

LITFASS: Nehmen Sie das nicht auf die leichte Schulter, Herr Müller.

MÜLLER: Es könnte so Überraschendes, Ungewohntes, Aufregendes entstehen.

BEAMTER: Der Himmel ist aufregend genug.

MÜLLER: Ich bin Dramatiker.

BEAMTER: Sie haben die Maschine ganz alleine ohne fremde Hilfe gebaut, Herr Dramatiker Müller?

MÜLLER: So ist es.

BEAMTER: Die Maschine wird hiermit beschlagnahmt. Ihnen steht es frei, sich beim Konzil zu beschweren. *Er schließt Müllers Handschellen wieder auf und wendet sich an Litfaß.* Wir sprechen uns noch. *Alle Beamten der Obersten Himmelsbehörde verlassen die Szene, die Maschine vor sich herschiebend.*

MÜLLER: Die gleichen Ketten wie auf der Erde. Ihr Hippie, lieber Litfaß, hat recht: Erdendreck und Himmelsdreck.

LITFASS: Sie haben noch einmal Glück gehabt. Es hätte schlimmer ausgehen können.

MÜLLER: Es ist schlimm genug. Meine Arbeitsgrundlage existiert nicht mehr. Was soll ich jetzt machen.

LITFASS: Vielleicht bekommen Sie Ihre Maschine wieder zurück.

MÜLLER: Das glauben Sie doch selbst nicht.

LITFASS: Maschinen, welcher Art auch immer, sind

hier oben suspekt. Seit langem schon. Sie gehören laut Konzil auf die Erde. Was wollten Sie denn mit ihrer Theatermaschine anfangen?

MÜLLER: Unsere Gedanken- und Vorstellungswelt wird durch Bilder geprägt. Das ist seit uralten Zeiten so. Und auch wenn deren Unsinnigkeit längst erkannt worden ist, bleiben sie im allgemeinen Bewußtsein erhalten, weil sie eben verinnerlicht sind. Meine Maschine sollte neue Bilder produzieren und damit neue Gedanken. Das ist es, was mich interessiert.

LITFASS: Das ist wahrscheinlich nicht das, was man hier Träume verwirklichen nennt. Für die Erde können Sie nichts mehr tun. Der Himmel hat andere Gesetze.

MÜLLER: Er scheint eher ein Vakuum zu sein. Im Vakuum wird man sich selbst zum Gegner.

LITFASS: Sie haben sicher noch andere Talente. Ich sagte Ihnen doch schon: Es ist angenehmer, wenn man sich einrichtet. Sehen Sie mich an. Ich, ein Tatenmensch, lebe von Informationen. Ist das etwa ein Ersatz für mein ehemals pralles Leben? Manchmal könnte ich verrückt werden. Übrigens hat unser Hippie mehrmals nach Ihnen gefragt.

MÜLLER: Ihm sind sicher wieder seine Zigarren ausgegangen.

LITFASS: Es scheint etwas Wichtiges zu sein.

MÜLLER: Also doch die Zigarren.

Beide ab.

Fünfter und letzter Traum

Litfaß' Zeitungskiosk mit so vielen, meist jünger aussehende Himmelsbewohnern, daß die Szene eher an einen Versammlungsraum erinnert. Jemand liest aus der Zeitung ein Müller-Zitat vor, das ein anderer an die Wand schreibt:

Wirklich, er lebte in finsteren Zeiten.
Die Zeiten sind heller geworden.

Die Zeiten sind finstrer geworden.
Wenn die Helle sagt, ich bin die Finsternis,
Hat sie die Wahrheit gesagt.
Wenn die Finsternis sagt, ich bin
Die Helle, lügt sie nicht.

Litfaß hat Mühe, alle mit Zeitungen und Kaffee zu versorgen. Als Müller kommt, ist dieser sofort umringt von einer kleinen, besonders heftig diskutierenden Gruppe. Darin der Hippie.

HIPPIE *fast schreiend zu Müller*: Sie haben sich mit der Obersten Himmelsbehörde angelegt, großartig! *Alle grölen.*

MÜLLER: Sie hat sich wohl eher mit mir angelegt... *Wieder Grölen.*

HIPPIE: Wir wollen Ihnen etwas vorschlagen, Herr Müller.

MÜLLER *sich zum Tresen vorkämpfend*: Was geht hier vor, lieber Litfaß?

LITFASS: Sie sind über Nacht zum Star avaciert. Die Aktion der Obersten Himmelsbehörde hat sich wie ein Lauffeuer 'rumgesprochen. Der ganze Himmel scheint in Aufruhr.

MÜLLER: Das fehlt mir noch.

HIPPIE: Bitte, Herr Müller, hören Sie unseren Vorschlag.

MÜLLER: Ich kann mir überhaupt nicht vorstellen, was Sie mit mir anstellen wollen.

HIPPIE: Seien Sie unser Lehrer! *Allgemeines, zustimmendes Grölen.*

MÜLLER: Ich kenne nicht einmal die hier amtliche Himmelssprache...

HIPPIE: ... müssen Sie nicht kennen. Wir brauchen sowieso eine andere Sprache.

MÜLLER: Und was wird die Himmelsbehörde dazu sagen, Veränderungen sieht keine Behörde gern?

HIPPIE: Die versteht uns sowieso nicht.

MÜLLER *zu Litfaß*: Was sagen Sie dazu? Kann man sich etwa auf diese Weise hier einrichten wollen?

LITFASS *etwas nachdenklich*: Freilich hatte ich andere

Vorstellungen, aber Sie verstoßen damit zumindest nicht gegen § 1 des Himmelskonzils. Und mein Zeitungskiosk würde endlich aufregendere Zeiten erleben.

HIPPIE *zusammen mit anderen nun Müller sehr bedrängend*: Sagen Sie ja, uns zuliebe.

MÜLLER: Euch, aber vor allem mir zuliebe – einverstanden! Die Erde weiß, warum ich so etwas tue. Der Himmel noch nicht.

Allgemeiner Jubel. Vor dem Kiosk steht ein Engel der Obersten Himmelsbehörde und beobachtet die Szene.

Soweit die Träume, die ich freilich etwas geordnet habe, um darin einen Sinn zu erkennen. Jeder Träumer weiß, wie schwierig es oftmals ist, manche Bruchstücke und Sequenzen sinnvoll zu verbinden. Da mir an größtmöglicher Authentizität lag, habe ich versucht, nichts wegzulassen, zu übersehen oder etwa zu ändern.

Allerdings zeitigten diese himmlischen Träume bei mir auch Nachwirkungen besonderer Art. Sie brachten mich nämlich dazu, mir eine völlig neue Welt zu erschließen, die Welt der Kioske, Imbisse und Zeitungsläden. An einem kleinen runden Tisch zu stehen, in der Morgenzeitung zu blättern, dabei einen Kaffee zu schlürfen und den Gesprächen am Nachbartisch zu lauschen oder auch selbst jemand anzusprechen – das wurde mir zeitweise ein dringendes Bedürfnis, als wäre es eine alte Gewohnheit. Andererseits entwickelte sich wieder jene Manie, die ich bereits anfangs bei den Litfaßsäulen beklagte.

Einmal fragte ich tatsächlich den Wirt eines Zeitungskioskes, ob er Litfaß kenne. »Der mit den Litfaßsäulen?«, fragte der zurück. Ich nickte. »Den kennt doch jeder«, entgegnete er mit etwas skeptischer Miene. »Sie haben Ähnlichkeit mit ihm«, sagte ich und spürte noch beim Hinausgehen seinen ungläubigen Blick im Nacken. Ich ließ praktisch kein Bistro aus, stürzte hinein und wähnte mich in Litfaß‘ himmlischem Zeitungskiosk. Spätestens dann, wenn der Wirt unruhig hin- und herzulaufen begann, war mein Bleiben infrage gestellt. Dann hatte ich nämlich wieder einmal den Bogen überspannt und zu viele Fragen gestellt oder vielleicht auch die falschen, oder dem Wirt war es leid, noch länger mein Beobachtungsobjekt zu sein.

Normalität trat erst wieder ein, als meine Träume gänzlich aufhörten. Dem Himmel sei Dank!

ERBEN GESUCHT

Intensiv lebende Menschen sterben meist früher. Das erscheint logisch, denn sie arbeiten und genießen mehr als die meisten ihrer Zeitgenossen und verschleißen eher. Der agile Litfaß mit 58. Als Familienmensch hat er mehrere Schicksalsschläge nicht überwinden können. Fünf seiner Enkel, ein Schwiegersohn und seine Frau starben vor ihm. Man hätte ihm noch einige Jahre der Gründerzeit gewünscht. Schließlich haben seine Kreativität, Risikobereitschaft und sein Einfallsreichtum mit den Boden bereitet für den wirtschaftlichen und kulturellen Aufschwung in der neuen Reichshauptstadt. Er war Buchhändler, Schauspieler, Verleger, Künstler, Dichter, Zeitungsmann, Erfinder, Manager, Sponsor und Wohltäter in einer Person. In seiner Intensität glich er einem hochtourig drehenden Motor. Immer an der kritischen Drehzahl. Wer hätte ein solches Erbe antreten können?

Seine Familie fürchtete offenbar Risiko und Engagement gleichermaßen. Nach Ablauf der Konzession für die Litfaßsäulen überließen sie das Geschäft anderen. Ihr Gebot von 35 000 Mark reichte nicht aus, um das Reklamemonopol auf den öffentlichen Straßen weiterzuführen. Bis schließlich die Stadt Berlin ab 1921 die Organisation des Reklamewesens übernahm.

Im öffentlichen Bewußtsein ist Litfaß heute allenfalls noch als Erfinder der augenscheinlichen Litfaßsäulen. Seine Verdienste um Berlins Kultur und sein gesellschaftliches Engagement sind weitgehend vergessen. Bereits 40 Jahre nach seinem Tode war keine nennenswerte Veröffentlichung mehr über seine Person verfügbar. Sein Nachlaß kam nach 1925 in das Märkische Museum.

Erst 1996 wurden daraus wichtige Teile aus Anlaß des 150. Geschäfts- und Bürgerjubiläums der Öffentlichkeit präsentiert. Leider fehlen in den Dokumenten persönliche Aufzeichnungen, etwa Tagebuchaufzeichnungen, persönliche Briefe oder auch wichtige Daten aus der Familiengeschichte. So bleibt nach wie vor vieles aus dem Leben des großen Berliners ungeklärt, fragwürdig, geheimnisvoll. Jetzt, wo sich Berlin erneut anschickt, Weltstadt zu werden, würde man sicher von diesem »Berliner Urgestein« so manche Anregung dankbar aufnehmen. Der Tatenmensch Litfaß nahm sich offenbar für Selbstreflexionen wenig Zeit, obschon er durchaus an die Nachwelt gedacht haben muß. Das beweist sein zum Teil sehr akribisch geführter Nachlaß.

Daß vor hundert Jahren das Leben noch ruhiger war, ist eine Illusion. Damals Neues anzufangen, konnte oftmals viel elementarer und lebensbedrohender sein als in heutiger Zeit. Denn es war häufig etwas wirklich Neues und deshalb mit wirklichem Risiko behaftet. Egal, ob es sich um die Gründung einer Firma handelte oder darum, eine Erfindung durchzusetzen. Der persönliche Einsatz mußte um ein Vielfaches größer und risikobehafteter sein als heute. In Risikosportarten wird heutzutage sogar die Gefahr regelrecht gesucht, weil der Alltag offenbar kaum Herausforderungen bereithält, geschweige, den ganzen Einsatz der Persönlichkeit abverlangt. Engagierte Unternehmerpersönlichkeiten von Litfaß'schem Format sind rar und bleiben immer Ausnahmeerscheinungen. Es fällt besonders schwer, sie zu beerben. Für mich hat Litfaß trotz alledem ein Erbe hinterlassen, obwohl ich weder erbberechtigt bin, noch damit gerechnet habe. Ein Zufall führte mich auf seine Spur. Und plötzlich vermischte sich für kurze Zeit mein Leben mit seinem. Was davon bleibt, ist in acht Kapiteln zusammengefaßt. Man sagt, die Zeiten ändern sich. Meint natürlich, daß man sich selbst verändert, verändern muß. Wer hätte gedacht, welche bewußtseinserweiternde Wirkung dabei von einer gewöhnlichen Litfaßsäule ausgehen kann. *Danke, lieber Litfaß!*

QUELLEN

Ernst Litfaß' industrielle und private Wirksamkeit. Original-Festschrift von Fr. Tietz. Ernst Litfass' Erben Verlag, Berlin 1871

Ernst Litfaß. Bestandskatalog des Nachlasses. Stadtmuseum Berlin 1996

Dietmar Kreutzer: Werbung im Stadtraum. Verlag für Bauwesen, Berlin 1995

Berlinische Monatsschrift. Hefte 8 und 11, 4. Jahrgang. Edition Luisenstadt

Berlinische Monatsschrift. Heft 2 und 3, 6. Jahrgang. Edition Luisenstadt

Berliner Morgenpost vom 17. 2. 1992

Chronik des 19. Jahrhunderts. Chronik Verlag 1996

Berlin Handbuch. FAB Verlag, Berlin 1993

Allgemeine Deutsche Biographie. Verlag von Duncker & Humblot, Leipzig 1883